当代高等教育研究新视野丛书

University Innovation in the Era of Transformation

转型时代的大学革新

胡建华　著

南京师范大学出版社

图书在版编目(CIP)数据

转型时代的大学革新 / 胡建华著.—南京：南京师范大学出版社，2023.7

(当代高等教育研究新视野丛书)

ISBN 978-7-5651-5753-0

Ⅰ.①转… Ⅱ.①胡… Ⅲ.①高等学校—创造教育—研究—中国 Ⅳ.①G640

中国国家版本馆 CIP 数据核字(2023)第 073259 号

丛 书 名 当代高等教育研究新视野丛书
书　　名 转型时代的大学革新
作　　者 胡建华
丛书策划 王　涛
责任编辑 李思思
出版发行 南京师范大学出版社
地　　址 江苏省南京市玄武区后宰门西村 9 号(邮编:210016)
电　　话 (025)83598919(总编办)　83598412(营销部)　83373872(邮购部)
网　　址 http://press.njnu.edu.cn
电子信箱 nspzbb@njnu.edu.cn
照　　排 南京开卷文化传媒有限公司
印　　刷 江苏扬中印刷有限公司
开　　本 710 毫米×1000 毫米　1/16
印　　张 13.25
字　　数 188 千
版　　次 2023 年 7 月第 1 版
印　　次 2023 年 7 月第 1 次印刷
书　　号 ISBN 978-7-5651-5753-0
定　　价 58.00 元

出 版 人 张　鹏

南京师大版图书若有印装问题请与销售商调换

总　序

自潘懋元先生等老一辈学者创会以来，中国高等教育学会高等教育学专业委员会始终坚守学术立会传统，把深化与拓展高等教育理论研究作为办会的基本宗旨。中国高等教育学学科设置从无到有，高等教育研究队伍从零散到蔚为大观，一代又一代优秀学者的成长，都与高等教育学专业委员会在各培养单位与会员单位之间发挥的纽带作用不无关联。目前，对高等教育学的定位和属性无论存在多少争议，不容否认，它已经成为我国高等教育研究者心有所向、身有所归的学术共同体。

高等教育学专业委员会历来倡导立足国际视野与本土关怀，开展学理取向探究与问题取向的理论研究。对于中国高等教育理论研究之于国家政策、高校管理以及人才培养的贡献如何评价，人们的站位不同，自然会有不同理解。回顾改革开放四十多年以来中国高等教育改革与发展历程，我们不难发现：几乎中国高等教育领域每一次重大事件的发生，人们关注的重大议题、问题以及政策概念的提出，我国高等教育研究者在理论上大都有先行研究。譬如，关于高等学校职能与高等教育功能、高等教育现代化、高等教育质量评价与保障、高等教育大众化和普及化、世界一流大学建设、高等学校自主权、现代大学制度、大学治理结构、大学收费制度、学分制、招生制度改革、学科与专业建设、通识教育、高校人事制度改革与学术职业变迁、有效性教学与教学学术、高等教育国际化与信息化等等。这些既有国际视野又有本土关怀，既有历史考察又有现实观照，纵横交错，覆盖宏观、中观与微观各个层面的研究，无论其聚焦的是“冰点”还是“热点”问题，是否有显示度，它们都为现实中的高等教育体制性变革与日常实践，拓展了视野，提供了理论支撑。

理论研究的基本宗旨在于透过现象看本质，揭示高等教育活动的一般规律。无论其初始动机是源于个人好奇心、兴趣、经历和境遇，抑或是源于现实关怀或政策意图，它从来不存在有用与无用之说。自然科学如此，作为社会科学的高等教育学科也不例外。因为有用无用不过是一种价值判断，它与评价者的个人身份、地位、处境和特定需求存在或明或暗的勾连，是一种立场在先的自我主观判断和推断；或者说理论之有用和无用，更在于它的情境性。如果总是把特定情境需求作为理论研究的取向与偏好，那么，其悖论恰恰在于：这种情境性需求恐怕永远滞后于形势变化与环境变迁，局限于特定情境需求的理论或应用研究反而因为一般性与多样化研究积累不足而难以适用，更无法对现实的走向以及可能发生的问题进行预测，也难以对现实中存在的价值扭曲提出预警和防范。

其实，真正的高等教育理论研究从来不会绝缘于现实关怀，很多理论研究选题的生成乃至观点创新，恰恰源于人们对现实的感悟与启发。通常而言，任何理论成果都不可能直接成为政策工具，它充其量可以为现实问题的解决提供某些索引，或者为决策者提供相关参考依据，为行动者提供可选择的装备。理论研究与决策以及行动实践之间，天然地存在一种若即若离的关系，虽然也存在若隐若现的互动，但两者既无法相互取代，更难以完全融合。否则，理论不过就是如变色龙般的策略与技巧，缺乏理论所必备的去情境化超越品质，实践也不过是理论贫乏的个人经验直观甚至行动的妄为。不容否认，由于始终缺乏一种自然演化的稳定态，在被频繁的政策事件扰动的情境中，中国高等教育与经济领域情形相似，在宏观的体制运行与中观的组织治理层面都有其特殊性。但这并不意味着我们的高等教育可以超越于一般性的活动规律或者说本质特征，如知识创新以及人才成长规律等。因此，植根于中国特殊土壤的理论研究，在跨域性的理论丛林中，犹如一片被移植而来的红枫林，既有源自共同基因的相对稳定性状，又有其与环境相适应的某些特殊表现形态，如生长状态、凝红流金的景致可能存在差异。不过，这种表现形态更多反映为生态系统与群落层次上的差别，而非物种意义上的例外。也正因为理论研究所具有的这种品质，它才构成了我们与国际同行沟通与对话的基础，也是为国际高等教育贡献知识与智慧的凭依。

作为一个建制化的学科，高等教育学历史短暂。因此，长期以来，高等教育理论研究，无论在理论溯源、视角选择方面，还是知识框架上，受基础教育领域的理论思潮与研究取向影响至深。但回顾历史就会发现，体制化的基础教育晚于大学的兴起，如今基础教育领域众多教学形式与方法的探索和实践也往往始于大学，如论辩、讨论、实验和观摩等。即使是基础教育领域的各种理论思潮与技术潮流，也往往最先发端于大学。相对于基础教育，高等教育活动更具有个体探索、行动在先和自下而上的特征，虽然它也难免带有外控与人为设计的特征，但它更具组织与行动者自我设计取向，大学的历史基因更为久远也相对更为顽固，每一次突变都没有彻底颠覆它的基本性状。这些特征无疑为我们寻求其相对稳定的客观属性与变易的受动属性提供了先天的优势。譬如，如何理解不同学科与专业生成与演变的轨迹，以及教与学活动的规律，如何理解组织特有属性及其运行逻辑，如何解释它与外部环境与文化以及各种社会力量之间带有顺应而又抗拒的关系，如何理解学人成长与职业发展轨迹，等等。高等教育学有待确证的基础性问题实在太多，需要探索的不确定性问题更多，它给我们提供了无限的空间与可能。而所有这些问题的探究，不仅难以从基础教育理论中获得启发，而且也远超出了基础教育的学科逻辑体系与框架。因此，高等教育学无疑具有特殊性。如何跳出一般教育学科的既有樊篱，建构一个包容性更强的多学科高等教育学知识逻辑和体系，需要我们做更多基础性、专业性且具有开拓性的思考与探索。

总之，倡导基础理论研究与带有学理性探究的现实问题研究，是高等教育学专业委员会的使命所在，唯有通过理论取向的学术探究与人才培育，我们才能立足扎实的理论基础与学术素养去回应现实高等教育发展中应接不暇的问题。理论固然需要服务于实践，但更需要我们以独立的精神、专业的态度、严谨的学风、开放的视野和谦逊的风格去观察和参与实践，理性地面对实践中可能存在的躁动。既不做旁观清谈者，也不做随波逐流者，努力以有深度有价值、有科学精神有人文情怀、有现实关注有未来视域的研究，为中国高等教育改革与发展贡献智慧。

正是出自上述初衷，中国高等教育学会高等教育学专业委员会与南京师范大学出版社，联合推出了“当代高等教育研究新视野丛书”学术专著出版计划。该丛书面向国内高等教育专业研究者，不拘泥于特定选题，尊重每位学者的兴趣和专长，期待以众说荟萃、集体亮相的形式，呈现当下我国高等教育理论研究的整体状貌。该出版计划将始终保持开放性，不断吸纳国内资深和新锐学者的最新研究成果，希望它不仅能成为一览高等教育学理论景致的窗口，为该学科的持续探赜索隐、钩深致远提供些许幽微之光，而且也能够从中感受到中国高等教育研究始终与时代变革气息相通的脉动。其中有热切的呼应，也有冷静的慎思，有面向未来远景的思索探问，也有洞鉴古今史海的爬梳钩沉。不同主题纷呈，个性风格迥异，从而构成一个多姿多彩、供读者各取所需的学术专著系列。

最后，高等教育学专业委员会特别感谢南京师范大学出版社所给予的慷慨支持与悉心指导，出版社在丛书的策划、编辑、出版和发行等方面投入了巨大的精力，也为编委会的组建、著者的遴选、成员之间的沟通等各项工作的有序展开提供了便利条件。

“当代高等教育研究新视野丛书”编委会
中国高等教育学会高等教育学专业委员会
二〇二二年十二月

目　录

引　言

改革开放40余年来我国高等教育的发展，无论在高等教育规模扩张的速度上，还是在高等教育制度改革的深度上，都是中国近代高等教育制度形成以来前所未有的。伴随着高等教育人口数量的不断增长和高等教育入学率的逐步提高，高等教育的各个层面——从外部的制度环境到内部的管理运营，从国家的政策、法律到学校的章程、规定，从政府指导到学校办学，从学校内部治理到教育教学实践，从科学研究到人才培养——都在发生着深刻的变化。这些变化昭示着我国高等教育发展进入了一个转型时期。转型是近年来我国高等教育发展的主要特征之一。

一、高等教育转型的主要特点

“从上个世纪90年代开始，‘社会转型’这一概念逐渐进入中国的学术语系中，普遍地为哲学、社会学、历史学、文化学甚至文学等学科所接受和运用，主要用以描述、分析中国社会自80年代开始的社会变革和变迁的过程。”[①]不同学科的研究者从各自不同的学科背景、学科知识与话语体系出发，提出了

① 林默彪. 论当代中国社会转型的分析框架[J]. 马克思主义与现实，2005(5)：124－127.

有关“社会转型”的概念，开展了中国社会转型过程及特征的深入研究。例如，有学者认为：“社会转型（social transformation）就是构成社会的诸要素如政治、经济、文化、价值体系在不同的社会形态之间的发生的质变或同一社会形态内部发生的部分质变或量变过程。我国当前的社会转型正是社会主义内部各个构成要素不断发生部分质变或量变、向现代化不断迈进的过程。”①

又如，有学者从社会结构的整体性变化角度诠释了社会转型概念的内涵。“中国社会主义市场经济的建立，不仅是经济体制或经济发展模式的转变，且由于经济的基础性地位，它必将引起整个社会生活即人们的社会活动方式的剧变。在这种剧变之中，中国的社会结构也将得到根本性的改造，这就是社会转型”②，“从社会哲学的层面看，社会转型是社会系统的序变，是社会结构模式的转换，是社会立体结构的转变”③。

再如，有学者对我国社会转型的特征做了如下的概括：“社会转型从空间看是全方位的、多角度、多层次的；从时间看是加速度的；从程度看则是深层次的。这种转型的全方位突出表现为：它是从传统的计划经济体制、半自给的自然经济社会向社会主义市场经济体制的转化，从农业社会向工业社会转化，从村落社会向城镇社会转化，从封闭半封闭社会向开放社会转化，从伦理社会向法制社会转化，从经济建设转向以制度建设为中心转化，从同质文化社会向异质文化社会转型，从刚性结构社会向弹性结构社会转化，农业文明向工业文明、由工业文明向可持续发展文明的双重社会转化。”④

学界有关社会转型的思想、理论及其方法同样可以用于研究作为现代社会重要组成部分的高等教育的发展变化，特别是近些年来的我国高等教育转型。何谓高等教育转型，从上述有关社会转型概念的界定出发，我们可否做出如下的定义：高等教育转型就是构成高等教育的诸要素，如学生、教师、教

---

① 王永进，邬泽天. 我国当前社会转型的主要特征[J]. 社会科学家，2004(6)：41－43.

② 陈晏清. 陈晏清哲学文集　第6卷　下　社会哲学研究[M].天津：南开大学出版社，2017：3.

③ 杨桂华. 转型社会控制论[M]. 太原：山西教育出版社，1998：221.

④ 王永进，邬泽天. 我国当前社会转型的主要特征[J]. 社会科学家，2004(6)：41－43.

学、学术组织、管理体制等在一定的内外部条件作用下所发生的部分质变或量变的过程。我国近年来的高等教育转型也具有空间上的全方位、时间上的加速度、程度上的深层次等特征。

(一) 空间上的全方位

所谓高等教育转型在空间上的全方位特征，主要是指近年来我国高等教育的转型涵盖了高等教育的诸多领域。

1. 在高等教育管理体制上，集权的管理方式正在向分权的管理方式转变。众所周知，20 世纪 50 年代初期，以“院系调整”为主要内容的高等教育改革之后，形成了与高度集中的计划经济体制相适应的高等教育管理体制。这种管理体制的主要特点可以概括为：高等教育管理体制的核心为中央集权，即中央政府决定着发展高等教育的基本政策与方针，并统一领导全国的高等学校；在直接管理高等学校方面存在着两种状况，一部分高等学校为中央政府各部门直接管理，另一部分高等学校为地方政府直接管理。这就是所谓的高等教育管理中的‘条块分割’；高等学校与政府是在国家行政体制内的下级与上级的关系，政府不仅具有高等学校校长的任免权，而且政府的文件、指令也是高等学校办学的基本依据。高等学校不具有独立办学的权力。① 1985 年《中共中央关于教育体制改革的决定》颁布之后，高等教育管理体制改革向着分权的方向逐步展开。《中共中央关于教育体制改革的决定》明确提出：“当前高等教育体制改革的关键，就是改变政府对高等学校统得过多的管理体制，在国家统一的教育方针和计划的指导下，扩大高等学校的办学自主权，加强高等学校同生产、科研和社会其他各方面的联系，使高等学校具有主动适应经济和社会发展需要的积极性和能力。”②根据这一决定的精神，高等教育管理体制的分权一方面是将政府的部分权力下放给高校，即扩大高等学校的

---

① 胡建华. 中国高等教育管理体制改革分析[J]. 南京师大学报(社会科学版)，2005(4)：75－80.

② 郭齐家，雷铣. 中华人民共和国教育法全书[M]. 北京：北京广播学院出版社，1995：69.

办学自主权。1998 年 8 月通过的《中华人民共和国高等教育法》将高等学校“自主调节系科招生比例”，“自主设置和调整学科、专业”，“自主制定教学计划、选编教材、组织实施教学活动”等 7 个方面的自主权明确规定在法律条文中。高等教育管理体制分权改革的另一方面是将中央政府的部分权力下放给地方政府。1999 年 6 月颁布的《中共中央国务院关于深化教育改革，全面推进素质教育的决定》明确指出：“进一步简政放权，加大省级人民政府发展和管理本地区教育的权力以及统筹力度，促进教育与当地经济社会发展紧密结合。今后 3 年，继续按照‘共建、调整、合作、合并’的方式，基本完成高等教育管理体制和布局结构的调整，形成中央和省级人民政府两级管理、以省级人民政府管理为主的新体制，合理配置教育资源，提高教育质量和办学效益。经国务院授权，把发展高等职业教育和大部分高等专科教育的权力以及责任交给省级人民政府，省级人民政府依法管理职业技术学院（或职业学院）和高等专科学校。高等职业教育（包括高等专科学校）的招生计划改由省级人民政府制定，其招生考试事宜由省级人民政府自行确定。”

2. 在高等学校的所有制构成上，由单一的政府举办向政府举办与民办混合结构转变。在我国近代高等教育的发展史上，私立高等教育曾经在高等教育体系中占有着重要地位。例如，1947 年全国 207 所高等教育机构中私立高等教育机构有 79 所，占总数的 38.2%。[①] 1949 年中华人民共和国成立之后，在大规模的高等教育制度改革中，私立高等学校的公立化成为重要内容。所谓私立高等学校的公立化，“不仅仅是所有权的转换或校名的更改，而主要是将私立高等院校的教师、行政人员、学生、图书设备等并入相关的公立高等院校，使私立高等院校从组织上、物质形态上完全解体”[②]。因此而形成了高等学校政府举办的单一结构。改革开放之后，随着教育发展逐步走上正轨，民

① 霍益萍. 近代中国的高等教育[M]. 上海：华东师范大学出版社，1999：288.

② 胡建华. 现代中国大学制度的原点：50 年代初期的大学改革[M]. 南京：南京师范大学出版社，2001：118 - 119.

办高等学校作为中华人民共和国成立以来的新生事物开始出现，并且伴随着计划经济体制向市场经济体制的转变而发展壮大。20 世纪 90 年代以来，《民办高等学校设置暂行规定》和《民办教育促进法》的相继出台为民办高等教育制度的建立奠定了法律基础，在高等教育大众化的浪潮中民办高等教育的规模得到进一步扩展。据教育部 2020 年的统计数据，民办高校的数量已达 771 所（含独立学院 241 所），占全国普通高校总数 2 738 所的 28.16%；民办高校本、专科在校学生人数达到 791.34 万人，占全国普通高校本、专科学生人数 3 285.29万人的 24.09%。① 由此可以看到，我国高等学校的所有制构成已经不再是单一的政府举办，政府举办与民办并存的结构已经形成。

3. 在高等教育经费的来源构成上，由单一的政府财政拨款向财政支付、社会出资、受益者负担的多渠道经费来源结构转变。在计划经济体制下，单一的高等学校政府举办制度决定了高等学校经费来源的单一性，即政府财政拨款成为高校经费的近乎唯一的来源。随着高等教育改革的深入开展，打破单一的经费来源体制逐渐成为一种必然。首先是民办高等学校的出现，使得民间资金开始进入高等教育领域；其次是高校收费制度改革使得学费成为高校经费的重要来源之一。2002 年教育部下发的《关于调整普通高校学费标准的通知》规定，一般专业一般高校学生学费的上限为每年 4 200 元；经教育主管部门批准的重点高校的上限为 5 000 元；理工科专业一般高校的上限为 4 600 元，重点高校的上限为 5 500 元；外语、医科类专业一般高校的上限为 5 000 元，重点高校的上限为 6 000 元。② 伴随着民间财力（学费当然也是民间财力的组成部分）对高等教育的投入，政府的财政性拨款在普通高等教育经费中的比例逐渐下降。例如，1993 年至 1996 年政府对于普通高等教育的财政预算年拨款数额虽然有所增加，分别为 138.8 亿、160.7 亿、182.4 亿、210.7

① 教育部. 2020 年全国教育事业发展统计公报[EB/OL]. [2021-10-24]. http://www.moe.gov.cn/jyb_sjzl/sjzl_fztjgb/202108/t20210827_555004.html.

② 张凯华等. 救助贫困学生呼唤你和我[N]. 扬子晚报，2002-08-26.

亿元人民币；但同期政府的财政性经费占普通高等教育总经费的比例则是逐年下降，分别为 91.81%，82.16%，80.56%，78.73%。[①] 至 2001 年，财政性经费占高等教育总经费的比例已降至 52.6%，包括学费在内的高校筹措的经费在高等教育总经费中的比例则上升到 47.4%。[②] 2018 年，我国普通高校总经费为 11 858.77 亿元，其中国家财政性教育经费投入 7 449.11 亿元，占总数的 62.82%；学费收入 2 450.13 亿元，占 20.66%；其他收入 1 882.10 亿元，占 15.87%；捐赠收入 51.23 亿元，占 0.43%；民办学校的举办者投入 26.19 亿元，占 0.22%。[③] 这种高等教育经费的多渠道来源结构已经被规定在《高等教育法》的相关法律条文中。《高等教育法》第 60 条规定："国家建立以财政拨款为主、其他多种渠道筹措高等教育经费为辅的体制，使高等教育事业的发展同经济、社会发展的水平相适应。"

4. 在高校课程体系上，狭窄的专业知识课程体系正在向宽博的通识教育课程与专业知识课程相结合的课程体系转变。20 世纪 50 年代的高等教育改革在建立起适应计划经济体制的集权式高等教育管理体制的同时，形成了以专业为中心、按照统一的教学计划开展教学活动的教学制度。这一教学制度的核心是以培养适应计划经济需要的专门人才为依据的课程体系。由于培养与社会各行业对口的专门人才是政府对高校的基本要求，因此高校的课程体系是围绕着各专业专门人才所需知识而确立的，专而窄是课程体系在内容方面的主要特征之一。这种专而窄的课程体系虽然适应了计划经济时期培养专门人才的需要，但是所培养人才的知识面过于狭窄的问题在 20 世纪 80 年代以来不断被人们所提及。尤其是随着市场经济改革的逐渐深入，培养适应性强、适应面宽的人才成为社会对高校提出的新要求。由此，课程体系的

---

① 曾满超等. 教育政策的经济分析[M]. 北京：人民教育出版社，2000：166.

② 胡瑞文，等. 中国高校扩招三年大盘点[M]//厦门大学高等教育发展研究中心. 公平与效率：21 世纪高等教育国际学术研讨会论文集. 2002：190.

③ 黄永林. 1993—2018 年普通高校教育经费投入的深度分析[J]. 教育财会研究，2020(6)：7-23.

改革遂朝着拓宽基础、扩大学生知识面的方向发展。20 世纪 90 年代以来“通识教育”理念的传播加快了高校课程体系向宽博方向发展的速度。以北京大学“元培计划”为代表的融通识教育课程与专业知识课程为一体的课程体系，反映了我国高校课程体系改革(转型)的一种方向。

(二) 时间上的加速度

所谓高等教育转型在时间上的加速度特征，主要是指近些年来我国高等教育转型过程是非匀速的，赶超跳跃式的。这一特征尤为突出地反映在我国高等教育由“精英阶段”向“大众化阶段”转变发展的过程中。如果我们以 1999 年的高等教育大扩招作为分界线，将改革开放以来的前 20 年与后 20 年高等教育的发展速度进行统计分析的话，可以清楚地看到两者之间存在着的巨大差异。如以普通高等学校本专科招生人数为例，1978 年为 40.15 万人，1998 年为 108.36 万人，20 年只增长了约 1.7 倍①；而 2020 年普通高校本专科招生人数达到 967.45 万人②，比 1998 年增长了 7.9 倍。又如普通高等学校本专科在校生人数，1978 年为 85.63 万人，1998 年为 340.88 万人，20 年增长了 3 倍③；2020 年普通高等学校本专科在校生人数达到 3 285.29 万人，比 1998 年增长了 8.6 倍。大扩招开始的前 3 年，增长幅度更是惊人，普通高等学校 1999 年的本专科招生人数为 159.68 万人，比 1998 年增加 51.32 万人，增长 47.4%；2000 年为 220.61 万人，比 1999 年增加 60.93 万人，增长 38.16%；2001 年为 268.82 万人，比 2000 年增加 47.67 万人，增长 21.61%。根据 1998 年全国教育事业发展统计公报，普通高等学校的本专科在校生数 1999 年为 413.42 万

① 王善迈.2000 年中国教育发展报告——教育体制的变革与创新[M].北京：北京师范大学出版社，2000：129.

② 教育部. 2020 年全国教育事业发展统计公报[EB/OL]. [2021－10－24]. http://www.moe.gov.cn/jyb_sjzl/sjzl_fztjgb/202108/t20210827_555004.html.

③ 王善迈.2000 年中国教育发展报告——教育体制的变革与创新[M].北京：北京师范大学出版社，2000：128.

人，比 1998 年增加 72.55 万人，增长 21.28%；2000 年为 556.09 万人，比 1999 年增加 142.67 万人，增长 34.51%；2001 年为 719.07 万人，比 2000 年增加 162.98 万人，增长 29.31%。① 经过 1999 年到 2001 年短短 3 年的迅速发展，2001 年的普通高等学校本专科招生数就比 1998 年增长了约 1.5 倍。也就是说，1978 年到 1998 年的 20 年间本专科招生数的增长幅度，1999 年到 2001 年的 3 年就基本达到了。正是这种发展的加速度，使得我国的高等教育在进入 21 世纪后不久就由精英阶段跨进了大众化阶段，并在 2019 年又跨入了普及化阶段，2020 年的高等教育毛入学率已经达到 54.4%。②

（三）程度上的深层次

所谓高等教育转型在程度上的深层次特征，主要是指近年来我国高等教育转型，不仅体现在诸如由精英阶段经大众化阶段到普及化阶段，这样一些高等教育发展的表象层面上，而且在深层次的制度层面、观念层面也有所体现。从制度层面来说，上文提到的由单一公办到公办与民办结合的制度转型就是一个很好的例证。虽然从数量上讲，公办高等教育无论在学校还是学生数量方面仍然是大多数，民办高等教育的学校及学生数量所占比例在 30%以下，与亚洲一些国家如日本、韩国、印度尼西亚、菲律宾等私立高等教育占大多数相比，仍有许多不同。但是民办高等教育的出现及其发展毕竟改变了 20 世纪 50 年代改革之后形成的单一公办体制，为高等教育发展开辟了新的资源，并对高等教育领域的诸多层面如管理体制、治理结构等产生了深刻的影

① 教育部. 1998 年全国教育事业发展统计公报[EB/OL].[2021 - 10 - 24]. http://www.moe.gov.cn/s78/A03/ghs_left/s182/moe_633/tnull_842.html；1999 年全国教育事业发展统计公报[EB/OL].http://www.moe.gov.cn/s78/A03/ghs_left/s182/moe_633/tnull_841.html；2000 年全国教育事业发展统计公报[EB/OL]. http://www.moe.gov.cn/s78/A03/ghs_left/s182/moe_633/tnull_843.html；2001 年全国教育事业发展统计公报[EB/OL]. http://www.moe.gov.cn/s78/A03/ghs_left/s182/moe_633/tnull_844.html.

② 教育部. 2020 年全国教育事业发展统计公报[EB/OL]. [2021 - 10 - 24]. http://www.moe.gov.cn/jyb_sjzl/sjzl_fztjgb/202108/t20210827_555004.html.

响。高校教学由计划性制度向选择性制度的转变也是高等教育制度层面转型的例证之一。计划性是20世纪50年代改革之后所形成的高校教学制度的主要特征，是指学生在进入大学之时，其4年所学课程及其他教学活动已经被有目的、有计划地安排好，4年的学习过程即是这一计划好的教学活动的展开过程，其依据就是事先制定好的“教学计划”。“教学计划是学校全部教学工作的基本纲领，是培养目标的具体体现。完成教学计划是学校的基本任务。没有教学计划，学校的全部教学工作便无所依据，就不可能把教学工作引向有目的、有计划的轨道上去，也就失去了完成学校基本任务的保证。”[①]这一计划性的教学制度随着计划经济向市场经济的转轨，已逐渐被选择性教学制度所代替(尽管这种代替在今天看来还很不彻底)。目前有的大学的学生选择性学分占总学分的比例已经接近50%。教学制度的这种由计划性向选择性的转型，其本身不仅对高等教育的影响是深远的，而且这种转型所反映出的教学观念、大学理念的变化也具有重要的意义。

二、高等教育转型的影响因素

若要对上述近年来我国高等教育转型的种种迹象与表现有更加深入的认识，我们还必须进一步分析产生高等教育转型的背景及影响高等教育转型的因素。

毫无疑问，在众多影响近年来我国高等教育转型的因素中，计划经济向市场经济的转轨及社会主义市场经济制度的逐渐发展是具有根本性作用的。众所周知，20世纪50年代改革之后形成的以集权管理、计划培养等为主要特征的我国高等教育制度是以计划经济体制为基础的，即国民经济有计划、按比例的发展要求高等教育要有计划、按比例地培养出适应计划经济需要的人

① 师范学院暂行教学计划说明[M]//《当代中国》丛书教育卷编辑室编. 当代中国高等师范教育资料选(上). 上海：华东师范大学出版社，1986：445.

才。为了达到这一目的，高度统一的高等教育管理体制是必要的。当构成集权、计划的高等教育制度之基础——计划经济体制——发生变革，新的经济基础——社会主义市场经济体制逐步确立之后，适应这种变革的高等教育转型就成为一种必然了。我们可以从近年来我国高等教育转型的诸多方面看到经济体制转轨所带来的深刻影响。例如，市场经济的改革促使高等教育观念发生转变，进而推动政府制定适应市场经济发展的高等教育政策、法规。当计划经济体制向市场经济体制转变之后，人们逐渐认识到计划经济体制下政府的大包大揽方式已不能很好地维持高等教育系统的运转，甚至会成为高等教育继续发展的障碍，解决的唯一方法是下放权力，让高校具有更多的办学自主权，使它们能独立地面向市场。基于这样一种认识，政府制定了一系列有关扩大高校办学自主权的政策，并最终在1998年通过的《中华人民共和国高等教育法》中明确规定了高校在诸多方面的自主权。

在近年来我国高等教育转型的过程中，国家政府是又一起重要影响作用的因素。国家政府能否在高等教育转型中发挥重要作用，这取决于国家采取何种管理高等教育的模式。国外有学者在分析高等学校与政府的关系，特别是政府对高等教育的影响时，归纳出这样两种模式，即“国家控制的模式”和“国家监督的模式”。所谓“国家控制的模式”，是指“政府试图控制高等教育系统的动力的一切方面：入学机会、课程学位要求、考试制度、教学人员的聘任和酬报，等等”。“国家监督的模式”则指“国家所施加的影响是微弱的，很多有关诸如课程、学位、人员的吸收和财政的基本决策都留给院校自己。国家提出高等教育运作的宽阔的参数，但是有关使命和目标的基本决策乃是系统及其各院校的职权”。[①] 在采取“国家控制的模式”的状况下，高等教育转型过程将受到国家政府的重要乃至决定性的影响。在计划经济体制下形成的我国政府管理高等教育的模式显然属于“国家控制的模式”。尽管随着市场

① 弗兰斯·F.范富格特.国际高等教育政策比较研究[M].王承绪，等译.杭州：浙江教育出版社，2001:414.

经济改革的逐步发展，政府管理高等教育的模式在发生着变化，但是“国家控制的模式”之实质也许没有太多的改变。因此，我们可以清楚地看到，政府在高等教育转型过程中所发挥的带有决定意义的作用。例如，20 世纪 90 年代末开始的高等教育由“精英”到“大众”的转变，基本上就是政府的政策所促成的。90 年代初，高等教育大众化理论在我国学术界开始引起广泛的讨论与关注，政府则在 1998 年前后将实现大众化正式列为高等教育的近期发展目标。例如，教育部在 1998 年 12 月 24 日提出的《面向 21 世纪教育振兴行动计划》中指出，到 2010 年，高等教育入学率要接近 15%。1999 年 6 月发表的《中共中央、国务院关于深化教育改革全面推进素质教育的决定》则有更加明确的表述：“通过各种形式积极发展高等教育，到 2010 年，我国同龄人口的高等教育入学率从现在的 9%提高到 15%。”虽然在这两个文件中没有出现“高等教育大众化”一词，但是由于 15%的高等教育入学率是高等教育进入大众化阶段的主要标志，因此达到 15%的高等教育入学率与实现高等教育大众化通常被理解为具有同一含义。政府的这些政策成为 1999 年之后高等教育规模持续扩大的重要影响因素，我国高等教育的发展也由此开始了从“精英”到“大众”的转变过程。

在近年来我国高等教育的转型中，学习外国高等教育的先进经验，以及由此而带来的高等教育理念的发展变化所起到的影响作用，也是不可忽视的。在世界高等教育的发展史上，我们经常可以看到一国高等教育的发展受到他国高等教育的影响，甚至“移植”他国高等教育模式的现象。美国学者菲利浦・G.阿特巴赫认为：“国际性的大学模式在全世界的高等教育发展中，已经发挥了并且还在继续发挥着重要的作用，这一点也是显而易见的。任何一个国家高等教育确切的历史，都是由许多因素结合而构成的。例如，某一个国家就常因某种外国的影响造成一种历史的偶然。”[①]作为对外交流，特别是对外思想文化交流的重要窗口，我国的高等学校在“改革、开放”政策实施以

① 菲利浦・G.阿特巴赫.比较高等教育[M].符娟明，陈树清，译.北京：文化教育出版社，1985：29.

来，与世界许多国家的高校开展了全方位、深层次的各种学术与文化交流。在交流过程中，高等教育发达国家的办学经验、办学理念等对我国高等教育改革与发展产生了深刻的影响。例如，前文提到的“通识教育”理念的引入，在我国高等学校人才培养观念及其课程体系改革中发挥了很大的作用，“通识课程”“博雅课程”的开设已经发展成为许多高校的一种教学实践。又如，在以北京大学为代表的高校教师人事制度改革中，我们也能看到国外高校教师制度及其理念影响的痕迹。可以这样认为，学习外国高等教育的先进经验以及由此而带来的高等教育理念的深刻变化，构成了近年来我国高等教育转型的一种思想文化背景。

三、高等教育转型中的大学革新

近年来，我国高等教育的转型由于具有空间上的全方位、时间上的加速度和程度上的深层次等特征，因此它在促使我国高等教育体制进一步深入改革的同时，也为高等教育系统中的大学革新创设了必要的环境与氛围。我国大学革新除了高等教育转型的因素之外，市场经济体制改革的深入发展和政府与大学关系的持续改善也是推动高等教育转型的必要条件。

众所周知，在计划经济体制下，高等学校的人、财、物都由政府按计划进行配置，高校培养出来的人才也由政府根据国民经济各部门的需要进行分配，高校直接对政府负责，完成政府下达的人才培养计划是高校办学的首要任务，也是评价高校工作优劣的基本根据。而在市场经济体制下，高校的经费虽然仍由国家（或地方）财政支出一部分，但是学费和各高校自筹经费所占比重在逐渐增大，高校的教学与研究活动正在由向政府负责转向直接面对市场。各高等学校若要在愈来愈激烈的市场竞争（人才竞争、经费竞争、生源竞争等）中求得生存并得到发展，必须不断革新办学理念与办学思路，提升培养人才与科学研究的水平。

1985 年,《中共中央关于教育体制改革的决定》的颁布正式启动了“改革、开放”之后的教育体制改革。在高等教育领域,扩大高校办学自主权不仅被提升到关乎高等教育体制改革的重要地位,而且一直是 30 多年来高等教育体制改革的主要内容。扩大高校办学自主权的实质是通过高校办学的有关权力的下放、让渡、转移来调整与改变大学与政府的关系。1993 年制定的《中国教育改革和发展纲要》在“深化高等教育体制改革”部分详细论述了高校与政府关系的改变问题。“在政府与学校的关系上,要按照政事分开的原则,通过立法,明确高等学校的权利和义务,使高等学校真正成为面向社会自主办学的法人实体。要在招生、专业调整、机构设置、干部任免、经费使用、职称评定、工资分配和国际合作交流等方面,分别不同情况,进一步扩大高校的办学自主权”,“政府要转变职能,由对学校的直接行政管理,转变为运用立法、拨款、规划、信息服务、政策指导和必要的行政手段,进行宏观管理”。① 2010 年出台的《国家中长期教育改革和发展规划纲要(2010—2020 年)》在“建设现代学校制度”部分提出构建政府与学校之间的新型关系:“推进政校分开、管办分离。适应中国国情和时代要求,建设依法办学、自主管理、民主监督、社会参与的现代学校制度,构建政府、学校、社会之间新型关系。适应国家行政管理体制改革要求,明确政府管理权限和职责,明确各级各类学校办学权利和责任。”②2014 年 10 月召开的党的十八届四中全会审议通过了《中共中央关于全面推进依法治国若干重大问题的决定》,进一步明确了“加快建设社会主义法治国家”的战略任务,提出“深入推进依法行政,加快建设法治政府”,“完善行政组织和行政程序法律制度,推进机构、职能、权限、程序、责任法定化”,“推进各级政府事权规范化、法律化,完善不同层级政府特别是中央和地方政

① 中国教育改革和发展纲要[M]//国家教育委员会编.新的里程碑:全国教育工作会议文件汇编.北京:教育科学出版社,1994:74.

② 国家中长期教育改革和发展规划纲要(2010—2020 年)[N].光明日报,2010-07-30(6).

府事权法律制度”。[①]

改善大学与政府的关系同样需要走依法治教、法治化的道路。首先，需要通过立法进一步明确大学的法人地位，使大学真正成为市场经济体制下独立的法人实体，改变大学长期依附政府、为政府下级机构的状况，使大学与政府的关系由建立在行政级别的基础之上改变为建立在法律的基础之上。其次，需要通过立法明确政府管理的权限和职责，明晰政府与学校权力、责任之间的边界。[②] 30多年来，政府与高校关系的持续改善使得高校的办学自主权不断扩大，这给各高校自主办学、革新理念与制度提供了可能的空间。

大学革新涵盖大学办学的众多领域，从笔者近年来的研究所及出发，本书将主要在人才培养、科学研究、大学治理等几个方面展开对大学革新的分析与认识。

---

① 中共中央关于全面推进依法治国若干重大问题的决定[EB/OL].[2021-12-11].http://cpc.people.com.cn/n/2014/1029/c64387-25927606-2.html.

② 陈学飞.高校去行政化:关键在政府[J].探索与争鸣,2010(9):65.

第一章　人才培养

“培养人才是大学与生俱来的基本职能，只要大学作为教育机构的根本性质不发生改变，培养人才就始终是大学的首要任务，也是大学之于社会的主要意义所在。”[①]在近些年来的高等教育转型过程中，培养人才的理念、制度、模式、方法等也是大学革新的主要领域与重要内容。

第一节　高等教育强国建设与大学人才培养制度改革

建设高等教育强国正在成为我国高等教育进入大众化之后发展的新的战略目标。什么是高等教育强国？高等教育强国的内涵是什么？这是我们在讨论有关高等教育强国问题时必须首先考虑的。有研究认为：“人们对高等教育强国的本质与特征的解读似乎都与高等教育的实力或贡献密切有关，即认为高等教育强国是一个综合性概念，评价指标是系统而多元的。”[②]还有

---

① 胡建华，陈列，周川，等. 高等教育学新论[M].南京：江苏教育出版社，2006：251.

② 高晓杰. 科学谋划未来 建设高等教育强国[J].中国高教研究.2009(2)：15－19.

的研究给出了高等教育强国较为具体的定义:"所谓高等教育强国,是指一个国家的高等教育规模、质量都处于世界前列,具有良性的结构,对国家的各项事业起着重大的作用,拥有一批世界一流的高水平大学和学科专业,培养出一大批具有国际影响的高水平的人才。"①无论人们对高等教育强国的含义做何种解释,也无论高等教育强国的概念是综合的还是多元的,有一点应该比较确定:在高等教育强国的诸多内涵中,培养人才的大规模、高质量是其基本要义。这是因为培养人才不仅是高等教育自产生以来就具有的基本功能,而且在当今高等教育社会功能不断扩展的状况下,高等教育为社会能够做出的最大、且其他机构所不能替代的贡献仍然是培养人才。

一、高等教育强国建设对于人才培养的要求

我们在考虑建设高等教育强国对人才培养的要求时,数量是不容忽视的,即高等教育发展的大规模是高等教育强国建设对人才培养的基本要求之一。20 世纪下半叶以来,世界高等教育的发展在数量上是以持续增长为基本特征的。现如今,一些发达国家的高等教育已经进入马丁·特罗所言的高等教育普及化阶段。根据 2016 年的统计(见图 1 - 1),经济合作与发展组织(OECD)成员国的高等教育入学率平均为 66%,高于 60%的有 12 个国家,高等教育入学率最高的 5 个国家依次为新西兰(91%),丹麦(86%),瑞士(82%),日本(80%),波兰(76%)。我国高等教育发展自 20 世纪末的大扩招以来进入到一个快速增长时期,高等教育毛入学率在 2020 年达到 54.4%,也跨入了高等教育普及化阶段,各类高等教育在学人数达到 4 183 万人,②高等教育规模居世界前列。正是以这样一个高等教育规模为基础,我们才能提出

① 丁三青.关于中国高等教育强国指标体系的战略构思[J].煤炭高等教育.2009(1):1 - 3,49.

② 教育部. 2020 年全国教育事业发展统计公报[EB/OL]. [2021 - 10 - 24]. http://www.moe.gov.cn/jyb_sjzl/sjzl_fztjgb/202108/t20210827_555004.html.

我国高等教育的发展将由以数量增长为主转向以质量提高为主，并以建设高等教育强国作为未来一段时间内我国高等教育发展的重要目标。试想，如果我国的高等教育仍然处在小规模发展的“精英”阶段，在世界高等教育发展趋于大众化、普及化的今天，提出建设高等教育强国的目标就会显得不切实际、不合时宜。换句话说，当我国的高等教育发展有了较为宽厚的数量基础之后，建设高等教育强国目标的提出就会成为一种历史的必然。

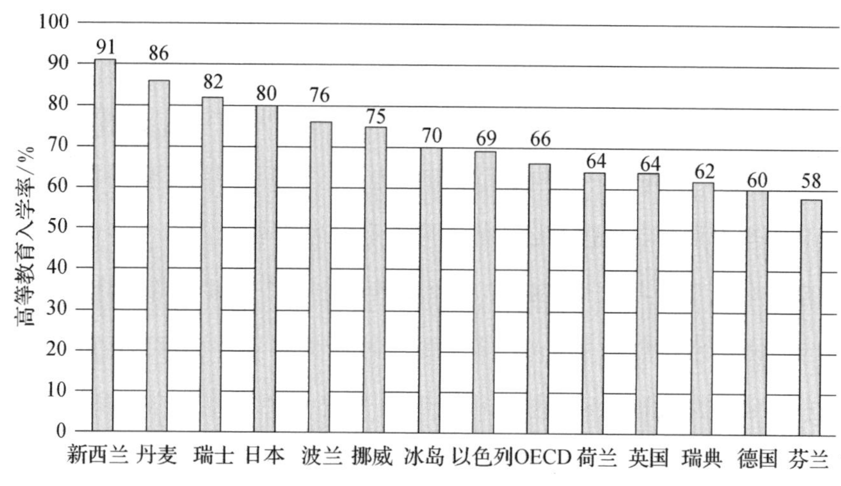

图 1－1　部分 OECD 成员国 2016 年高等教育入学率[①]

当然，我们应该清醒地认识到，建设高等教育强国对于人才培养的要求绝不仅仅是数量，相比起数量、规模来说，人才的高水平、高质量应是高等教育强国建设对于人才培养的更为根本、更为重要的要求所在。那么什么是高水平、高质量的人才呢？

现代高等教育的发展是以多样化为基本特征的。所谓多样化是指在高等教育的各个领域，如办学、管理、教学、研究等领域体现出多元、多样的态

① 中央教育审议会.2040 年に向けた高等教育のグランドデザイン(答申)参考資料集・Ⅳ.18 歳人口の減少を踏まえた高等教育機関の規模や地域配置関係資料[EB/OL].[2020－07－20]. https://www. mext. go. jp/component/b _ menu/shingi/toushin/_ _ icsFiles/afieldfile/2018/12/17/1411360_10_5_1.pdf.

势，人才培养也不例外。现代高等教育所培养的人才从层次上讲，有研究生、本科生、专科生之分；从类型上讲，有学术型、应用型、技能型之别；更不用说学科类别上的多种多样。因此，这就给我们讨论什么是高水平、高质量的人才带来了一定的难度，人们也很难给出一个关于高水平、高质量人才的确切定义。不过，综合众多的有关高校人才培养的研究、论说，我们也许可以对高水平、高质量人才做以下一些基本理解。首先，由于高校所培养的人才类型较多、层次有别，因此高水平、高质量人才不应是一把尺度、一个标准，如高水平、高质量的学术型人才与高水平、高质量的应用型人才的衡量标准肯定是不一样的。其次，不论高校培养的是哪种类型、哪一层次的人才，要达到高水平、高质量必须具备一些共同的品质与能力，在这些共同的品质与能力中，具有较高的知识素养与较强的创新能力应该是最为基本的。

就具有创新能力的人才来讲，虽然很难给出一个有关高等教育强国建设对高校培养高水平创新人才的准确的数量或质量要求，但是我们可以从世界上一些高等教育发达国家（这些国家中，有的毫无疑问可以称作高等教育强国）培养创新人才的实践中，找到一些认识高水平创新人才数量或质量的思路。例如，诺贝尔物理学、化学、生理学·医学奖被公认为是世界自然科学界最具权威意义的奖项，它被授予那些在这些领域取得重大突破成果的研究人员。因此，这些诺贝尔奖的获奖人数不仅可以从一个侧面反映一所大学乃至一个国家的自然科学研究水平，也可以从另一个侧面反映一所大学，乃至一个国家高等教育培养学术型创新人才的能力。

表1-1反映了从1901年诺贝尔奖设立开始到2020年的120年间物理学、化学、生理学或医学奖获奖者的国别状况。美国以271人（占总数的43.4%）高居首位，英国、德国位列二、三。若以二战结束的1945年作为分界线来统计获奖者的情况，可以看到这三项诺贝尔奖的获奖人数在这两个时期存在着很大的差别，二战结束之前的45年间，平均每年获奖人数为3.1人，二战结束以来的75年间，平均每年的获奖人数为6.4人。美国与德国的获奖人

数在这两个时间段呈现出相反的变化趋势。美国二战结束以前每年平均获奖人数是 0.4 人，二战结束以来每年平均获奖人数达到 3.4 人；而德国则相反，二战结束以前每年平均获奖人数是 0.8 人，二战结束以来每年平均获奖人数下降到 0.4 人。美国与德国的这种获奖人数变化的差异，不仅佐证了世界科学中心自 20 世纪初期之后，由德国转移至美国这样一个事实，同时也反映了美国与德国的高等教育在二战结束前后的发展差别，并且说明二战结束之后美国高等教育水平的不断提升，以及作为高等教育强国在培养创新人才方面所具有的强大实力。为了进一步验证诺贝尔奖获奖者与高等教育的关系，我们还可以分析一下诺贝尔奖获奖者取得博士学位的高校的分布状况。

表 1-1　诺贝尔物理学、化学、生理学或医学奖获奖者国别统计①

单位：人

国家	总数			物理学	化学	生理学或医学
	1901—1945 年	1946—2020 年	合计			
美国	18	253	271	93	71	107
英国	26	58	84	23	29	32
德国	36	35	71	25	30	16
法国	15	19	34	14	10	10
日本	0	24	24	11	8	5
瑞士	5	13	18	5	7	6
瑞典	6	11	17	4	5	8
荷兰	8	7	15	9	4	2
俄罗斯	2	12	14	11	1	2
加拿大	2	10	12	6	4	2
其他	23	41	64	15	17	32
合计	141	483	624	216	186	222

① 日本文部科学省.科学技術要覧・ノベール賞及フィールズ賞の各国別受賞者数[EB/OL].[2021-12-12]. https://www.mext.go.jp/b_menu/toukei/006/006b/1413901_00004.htm.

表 1-2 从获奖者取得博士学位所在的学校的角度列举了 1901—2001 年诺贝尔物理学、化学奖获奖者最多的高校。在诺贝尔物理学奖获奖者取得博士学位最多的 11 所高校中,美国有 7 所,德国有 2 所,英国与法国各有 1 所,具有这 11 所高校博士学位的获奖人数占 1901—2001 年期间诺贝尔物理学奖获奖总人数 165 人的 43.0%。在诺贝尔化学奖获奖者取得博士学位最多的 12 所高校中,美国有 4 所,德国与英国各有 3 所,法国与瑞士各有 1 所,具有这 12 所高校博士学位的获奖人数占 1901—2001 年期间诺贝尔化学奖获奖总人数 137 人的 50.4%。另外,根据对 1901—2001 年期间诺贝尔生理学或医学奖获奖者取得博士学位状况的统计,获奖者取得博士学位的单位分布在 87 个机构(这些机构除个别科研院所外,如巴斯德研究院),绝大多数为高等学校,平均每个机构约 1.79 人;获奖者取得博士学位最多的国家是美国,占全部总数的 41.0%;获奖者取得博士学位最多的高校是哈佛大学,有 11 人,占总数的 7.1%;在取得博士学位最多的排名前 13 位的机构中,美国有 6 个,英国有 2 个,瑞典、奥地利、丹麦、瑞士、法国各有 1 个,在这 13 个机构中取得博士学位的获奖者(66 人)占 1901—2001 年期间诺贝尔生理学或医学奖获奖总人数 175 人的 42.3%。①

表 1-2　1901—2001 年诺贝尔物理学奖、化学奖获奖者取得博士学位的高校分布状况②

单位:人

物理学奖		化学奖	
高校名称	获奖人数	高校名称	获奖人数
剑桥大学	11	加利福尼亚大学	14
哥伦比亚大学	9	剑桥大学	13
哈佛大学	8	慕尼黑大学	8

① 袁勤俭,葛君.诺贝尔生理学或医学奖获奖者的统计分析[J].图书馆理论与实践.2004(5):29-33.

② 徐万超,袁勤俭.诺贝尔物理学奖获奖者的统计分析[J].科学学研究.2004(1):32-36.葛君,岳晨.诺贝尔化学奖获奖者的统计分析[J].图书馆理论与实践.2004(2):55-58.

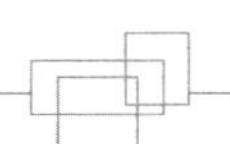

续　表

物理学奖		化学奖	
普林斯顿大学	7	哈佛大学	7
芝加哥大学	6	哥廷根大学	5
慕尼黑大学	6	麻省理工学院	4
巴黎大学	5	曼彻斯特大学	3
加利福尼亚大学	5	芝加哥大学	3
麻省理工学院	5	苏黎士大学	3
哥廷根大学	5	柏林大学	3
加利福尼亚理工学院	4	牛津大学	3
		巴黎大学	3
合　计	71		69

从上述有关诺贝尔物理学、化学、生理学或医学奖获奖者的统计中，我们可以清楚地看到美国所拥有的巨大教育优势。毋庸置疑，这种优势与美国作为当今世界高等教育水平较高的国家（或曰高等教育强国）是有着密切的关系的。虽然诺贝尔奖获奖者的人数多少不能概括一个国家高等教育培养人才水平、质量的全部（因为诺贝尔奖获奖人数与高等教育培养的人才数量相比毕竟极少，且诺贝尔奖获奖者只是高等教育培养的多种人才中的一种），但它是反映一个国家的科学发展与高等教育水平的重要指标之一。我们可以这样认为，一个国家的高等教育系统若是仅仅培养出几位诺贝尔奖获奖者，而高等教育的其他方面较弱，那么该国家可能还称不上是高等教育强国；可是如果一个国家的高等教育系统长时间培养不出一位诺贝尔奖获奖者，那就更难称作是高等教育强国。

二、以高等教育强国建设为目标的人才培养制度改革

我国的高等教育人才培养制度40余年来发生了很大的变化，主要体现在

人才培养的理念、结构、内容、方法等方面。在人才培养理念上，以社会本位价值观为指导的人才培养理念转向了社会发展与人的发展相统一指导下的人才培养理念，素质教育思想、通识教育理论成为我国高校人才培养的重要依据。在人才培养结构上，一个由专科、本科、研究生多层次组成的高等教育人才培养结构已经形成，尤其是近年来研究生教育在数量与质量上的迅速发展，使我国培养高层次、高水平创新人才的教育体系逐渐完善。在人才培养内容上，随着学分制、选修制、大类招生等改革措施的实施，以及通识教育的逐渐扩展，一个以宽专业、宽基础、宽口径为基本特征的人才培养内容体系正在形成。在人才培养方法上，偏重课堂讲授、偏重书本知识的传统教学方法正在发生变化，重视在实验教学、社会实践中培养学生的动手能力、实践能力、创新能力正在成为高校教学方法改革的主要取向。这些在高等教育人才培养实践中的诸多变化，毫无疑问，为以高等教育强国建设为目标的人才培养制度改革打下了良好的基础。

那么，若从高等教育强国建设的角度出发，我们应该如何认识和实践人才培养制度改革？换句话说，为了培养出符合高等教育强国建设要求的高水平、高质量人才，高等教育的人才培养应该如何进行？准确地回答这样的问题实际上是比较困难的。我国高等教育40余年来人才培养改革的实践，以及高等教育发达国家，尤其是高等教育强国高水平、高质量人才培养的经验，可以作为我们思考这一问题的基本参照系。

1. 重视人才培养理念的不断更新。在高等学校的人才培养过程及人才培养制度构建中，人才培养理念的作用是不可或缺的。从中外高等教育发展历史的角度来看，教育理念在很大程度上决定着人才培养内容的性质、人才培养方法的选择及人才培养过程的走向。譬如，19世纪初期，德国的大学，在洪堡的通过研究进行教学、教学与研究相结合的思想影响下，学术研究进入大学的教学过程，大学成为培养学术人才的基地。“到19世纪70年代左右为止，全世界能够训练学生从事科学、学术研究的机构，实际上唯有德国的大学。”①又如，自 20 世纪初开始在美国高等教育中逐渐形成的通识教育理念，成为美国大学教学内容及课程体系制订的重要基础，其影响作用一直延续至今并远及大洋此岸。因此，教育理念的更新在以高等教育强国建设为目标，改革人才培养制度的过程中就显得十分重要。在我国当前的高等教育理念革新中，教学观的改变显得尤为迫切，而教学观革新的核心是逐步树立让学生具有更多的学习自由的思想。计划经济时代，在适应计划经济体制的高等教育制度框架内，有计划地培养与国民经济各个部门直接对口的专门人才这一指导思想，规定了高等学校教学内容、教学方法、教学组织的计划性与统一性。学生在进入大学之时，其 4 年所学课程已经被有目的、有计划地安排好，4 年的学习过程即是这一制订好的教学计划的展开过程。这种方式虽然对培养有一定规格要求的专门人才有作用，但是对培养具有较高知识素养与较强创新能力的人才或许不太适宜。创新是一种不受拘束、富有个性的活动，因此培养创新人才勇于质疑、善于批判、敢于打破常规的能力与素质十分重要。而这些能力与素质的培养需要有一种宽松、自由的学习氛围。所以，重视学生的学习自由应成为以高等教育强国建设为目标的人才培养制度改革的重要理念基础。其实，早在 19 世纪德国大学培养学术创新人才的实践中，学习自由就被作为一条基本原则。

2. 重视人才培养结构的不断协调。人才培养结构涵盖的内容比较多，是人们经常探讨的问题，如有人才培养的地区结构、类型结构、层次结构、科类结构等。如果我们对各国的高等教育人才培养结构做一研究比较的话，可以发现人才培养的诸种结构在不同国家存在着一定的差别。例如就层次结构而言，有的国家专科生、本科生、研究生的比例构成呈“金字塔型”，有的国家专科生、本科生、研究生的比例构成呈“橄榄球型”。因此，关于人才培养的结构，很难找到一个适应众多国家的一致的标准或模型。不过，如果我们进一步研究高等教育发达国家的人才培养层次结构，可以发现研究生比例相对较

① Joseph Ben David. 学問の府[M]. 天城勳，译.东京：サイマル出版会，1982：145.

高是一个普遍现象。可以这么认为，世界上诸多国家的高等教育人才培养层次结构，大致可以分为以专科生、本科生占绝大多数的所谓“低重心”层次结构和研究生占有相当比例的“高重心”层次结构两大类，而高等教育发达国家，尤其是高等教育强国的层次结构，毫无疑问属于后一类。有统计资料表明，美国 2016 年在学本科生人数为 1 043 万，研究生为 170 万，研究生占本科生与研究生总数的 14.0%；英国 2017 年在学本科生为 151 万，研究生为 34 万，研究生占总数的 18.4%；法国 2017 年在学本科生为 89 万，研究生为 63 万，研究生占总数的 41.4%；日本 2018 年在学本科生为 262 万，研究生为 25 万，研究生占总数的8.9%。[①] 我国 2020 年普通高校在学本科生为 1 825 万，研究生为 314 万，研究生占总数的 14.6%。[②] 从上述统计来看，应该说我国研究生教育经过近年来的大发展，在数量上已经达到相当规模，研究生在学人数占研究生与本科生总数的比例已经超过日本、美国。换句话说，从数量上来看，我国的高等教育人才培养层次结构正在从“低重心”向“高重心”发展。问题是仅有数量是远远不够的，高等教育强国建设所要求的人才培养主要在于高水平、高质量，尤其是在研究生教育层次。因此，我们这里所说的人才培养结构的协调不能仅仅认为是数量结构，还应包括内容结构。如不同层次的教育、特别是本科教育与研究生教育的衔接问题；又如不同类型人才（学术型、应用型、技能型）的培养内容、方式的区别与融通问题等。

3. 重视人才培养制度的不断改革。高等教育人才培养制度有广义与狭义之分。广义的人才培养制度实际上包括了从招生到就业、从校园文化到学生生活等有关人才成长的方方面面的制度、规则。狭义的人才培养制度主要指与高校教育、教学过程和活动相关的制度、规则。人才培养制度的确定与人才培养

---

① 日本文部科学省.科学技術要覧・研究人材の輩出と雇用[EB/OL].[2021 - 12 - 12]. https://www.mext.go.jp/b_menu/toukei/006/006b/1413901_00004.htm.

② 教育部. 2020 年教育统计数据・全国基本情况・各级各类学历教育学生情况[EB/OL].[2021 - 12 - 12]. http://www.moe.gov.cn/s78/A03/moe_560/2020/quanguo/202108/t20210831_556364.html.

模式有着密切的关系。就专门人才的培养来讲，可以看到这样两种不同的培养模式，即“本科＋研究生的专门人才培养模式”和“本科专门人才培养模式”。前者的代表主要是美国，自19世纪70年代约翰·霍普金斯大学创建现代研究生教育制度之后，以培养法律、医务、商务、管理、教育等专业人员为目的的，从事研究生教育的专业学院（Professional School）逐渐出现，由此，本科学院（如哈佛大学的哈佛学院，哥伦比亚大学的哥伦比亚学院）加专业研究生学院成为美国综合性大学的学院构成方式，“本科＋研究生”成为培养专业人员的基本模式。在这样的专门人才培养模式中，本科教育的通识性、研究生教育的高深性成为基本特征。所谓“本科专门人才培养模式”主要指在本科阶段完成对专业人员的培养，本科教育的专业性是这一模式的基本特征。20世纪50年代初期的高等教育改革之后，我国所确立的专门人才培养模式就是这后一种。为了达到在本科阶段完成专门人才培养的任务，我们制定了从教学计划、教学组织到教学实施、教学管理的一整套人才培养制度。当高等教育进入大众化阶段，社会主义市场经济成为高等教育发展的宏观背景，尤其是当研究生教育获得迅速的发展、研究生比例已经达到研究生与本科生总数的10%以上时，研究生教育内容与本科生教育内容的重复、研究生教育水平的低下等问题就凸显出来了。现在应该是到了认真思考专门人才的培养模式、重新审视我们已经习惯了的人才培养制度的时候了，尤其是在高等教育强国建设的目标下。

第二节　一流本科教育建设与教育理念更新

2017年“双一流建设”项目正式实施以来，一流大学与一流学科建设不仅成为承担“双一流建设”项目高校的重要任务，而且也对我国高等教育的整体发展产生了深刻的影响。人们对一流大学与一流学科建设的内涵做出了进一步的阐释，即一流专业、一流本科教育也是一流大学建设中的必要内容。2018年6月21日，教育部召开了新时代全国高等学校本科教育工作会议，提出坚持“以本为本”，推进“四个回归”，建设“中国特色、世界水平”的一流本科教育。2018年9月17日，教育部下发了《关于加快建设高水平本科教育 全面提高人才培养能力的意见》(以下简称《意见》)，明确了建设高水平本科教育的总体目标，“经过5年的努力，‘四个回归’全面落实，初步形成高水平的人才培养体系，建成一批立德树人标杆学校，建设一批一流本科专业点，引领带动高校专业建设水平和人才培养能力全面提升，学生学习成效和教师育人能力显著增强；协同育人机制更加健全，现代信息技术与教育教学深度融合，高等学校质量督导评估制度更加完善，大学质量文化建设取得显著成效。到2035年，形成中国特色、世界一流的高水平本科教育，为建设高等教育强国、加快实现教育现代化提供有力支撑。”[①]教育部在《意见》中还提出了加快建设高水平本科教育的具体内容、方法、措施等。如此，建设一流本科教育成为我国高等教育发展的又一重要任务。人们议论的焦点将从要不要建设一流本科教育转向什么是一流本科教育，如何建设一流本科教育。

大学实施本科教育始自中世纪大学。在中世纪大学产生以后的几百年时间里，本科教育是大学的唯一人才培养形式。19世纪下半叶，研究生教育制度在美国大学正式确立之后，本科教育与研究生教育共同成为大学教育的组成部分。自那以后，随着高等教育规模的不断扩大，本科教育的地位、问题以及如何实施本科教育一直是大学教育实践探讨的基本课题。例如，在现代高等教育最为发达的美国高等教育的历史中，20世纪30年代，赫钦斯担任芝加哥大学校长期间，实施本科教育改革，推出“名著教育计划”，要求本科生在校期间读百部名著，以培养人的学识、智慧与道德。1945年，对二战之后美国本科教育产生重要影响的《哈佛通识教育红皮书》问世，“揭开了哈佛大学全

① 教育部关于加快建设高水平本科教育 全面提高人才培养能力的意见[EB/OL].[2021-12-12]. http://www.moe.gov.cn/srcsite/A08/s7056/201810/t20181017_351887.html.

面实施通识教育的序幕，使得通识教育从几所高校的尝试变成全国性的运动，使人文教育再次成为高等教育的重要组成部分，成为通识教育在美国大学走向制度化的象征，也使美国本科教育得到了完善与发展”。[1]

新中国成立之后，我国在相当长时间内，本科教育是大学教育的重心所在，形成了适应计划经济需要的有计划培养人才的本科教育体制。改革开放之后，随着大学职能的发展与丰富、人才培养的多层次化、高等教育的大众化，本科教育已不是大学教育的唯一，本科教育的重心地位也开始发生动摇。因此，在“双一流建设”过程中，在高等教育强国建设的总体框架内，将一流本科教育纳入其中实属必然。那么，一流本科教育应该如何去建设，换句话说，本科教育如何才能成为一流呢？

毫无疑问，建设一流的本科教育首先需要有先进的教育理念。一般来说，任何教育都是在一定的理念指导下进行的，只不过有些理念是显在的，易于辨识；有些理念是潜在的，需要挖掘。从教育发展的历史来看，指导教育的理念不一定都是正确的、合适的，有些甚至是落后的。而要建设一流本科教育，起指导作用的理念必须是先进的，唯有先进的教育理念才能引导本科教育走向一流。所谓先进的教育理念，应该具有鲜明的时代性，反映教育发展的趋势，引领教育改革的走向。在教育发展的历史中，可以看到先进的教育理念引领本科教育的改革与发展，从而使大学走向辉煌（一流）的事例。

众所周知，19 世纪初的德国大学改革对于世界高等教育发展具有重要意义，它开启了德国大学近代化的进程，形塑了独特的德国大学模式，使 19 世纪的德国大学居于世界大学的领先地位，成为其他国家大学改革与发展的标杆。19 世纪初，德国大学改革的主要内容其实是有关大学教育的，也可以说是有关大学本科教育的（因为那时的大学教育还仅有本科教育一个层次）。针对 17、18 世纪欧洲大学普遍存在的教育内容陈旧、教育方法呆板的现象，即

---

① 哈佛委员会.哈佛通识教育红皮书[M].李曼丽，译.北京：北京大学出版社，2010：译者序言 2.

“旧有的知识并没有增加,而只是被一再重复,变得越来越泛,越来越滥”[①],德国大学教育改革将研究引入教学,通过研究进行教学,广泛采用研讨(seminar)的教学方式,“让学生参加教授的研究活动”,“习得教授的思想、教养”。[②] 这样的改革为德国的大学教育带来了生机与变化,不仅提升了大学的水平,而且大学为德国科学、经济社会的发展培养了大批创新人才,同时也吸引了来自欧洲、美国为数众多的留学生。19 世纪初期,德国大学教育改革的发生除了受当时的社会背景影响之外,一批思想家所提出的新的大学教育理念起到了重要的指导作用。19 世纪初期“出现了为数众多的要求大学改革的论文,这些论文对大学的改革以及新大学的设立产生了强有力的影响。其中,施莱尔马赫、费希特、谢林、洪堡的大学构想成为 19 世纪初期以后大学改革的基础”[③]。谢林认为:“就学问与艺术而言,某种特殊(专门)的知识只有放在普遍的、绝对的知识之中才具有价值。但现实的许多事例表明,人们往往埋头于专门的事项,忘却了一般教养的普遍事项;只想努力成为优秀的法律学者、医生,忘却了更为重要的学者的使命和通过学问提升的精神使命。因此加强研究普遍的学问才能有效克服这种教养的片面性。大学在给予学生各专门教养的知识之前,必须首先引导学生认识有机的学问整体。”“大学教学具有发生意义上的特殊使命。教师不能像著作者那样只提供研究所达到的结果,而应至少在学问的高级层次展现达到结果的方法。这就是活的教学方法的本质特征。”[④]洪堡指出:“与传授和学习既成知识的中学不同,大学的特征在于常常将学问看作是没有解决的问题不断地进行研究。因此,在大学中教师与学生的关系完全不同于中学,即大学的教师并不是因为

---

① 卡尔·伯克.联邦德国的高等学校及其问题[N].中国教育报,1984-09-1(3).
② Stephen d'Irsay.大学史(下)[M].池端次郎,译.东京:东洋馆出版社,1988:286.
③ Hans W.Prahl.大学制度の社会史[M].山本尤,译.东京:法政大学出版局,1988:180.
④ F.W.Schelling.学問論[M].胜田守一,译.东京:岩波书店,1957:12-13、4.

学生而存在，教师和学生都为学问而存在。”[①]“大学教师已经不是通常意义上的教师，学生也不是被动的学习者。学生自主地从事研究活动，教师则对学生的研究给予指导、帮助。因此对当今大学教授的要求是能够把握学问的统一性，具有创造力。”[②]正是这些先进的教育理念指导了19世纪的德国大学教育改革，将德国大学教育带到了那一时期世界大学教育的前列。

当下，在我国建设一流本科教育的过程中，如何更新教育理念考验着人们的智慧。现代大学本科教育与19世纪的本科教育相比已经发生了相当大的变化，无论是教育者、教育对象，还是教育内容、教育方法都今非昔比。现今我国的本科教育面对来自多方面的压力与挑战。譬如，规模压力，数以千万的本科生，上万人规模的本科大学；定位压力，处在研究生教育与专科教育之间的本科教育，如何保持学术教育与职业教育的张力；师资压力，承担多项任务的大学教师如何在各项任务之间平衡精力与时间；质量挑战，高等教育普及化时代的本科教育质量如何保障；课堂挑战，网络技术的普及与应用改变了课堂的空间与生态；如此等等。在这样的背景下建设一流本科教育，如果没有先进的教育理念为指导，是很难完成这一重要任务的。建设一流本科教育所需要的先进教育理念应该明确：一流本科教育的基本定位，一流本科教育的指导思想，一流本科教育的主要内涵与一流本科教育的实施路径。

第三节　价值取向与大学教学管理制度改革

随着近年来我国高等教育的发展由数量增长、规模扩张逐步走向水平提

① W.Humboldt.ベルリン高等学問施設の内的ならびに外的組織の理念[A].J.G.Fichte等.大学の理念と構想[M].梅根悟，译.东京：明治图书出版株式会社，1970：210－211.

② H.Schelsky.大学の孤独と自由——ドイツの大学ならびにその改革の理念と形態[M].田中昭德，等译.东京：未来社，1970：104.

升、质量提高,高校教学改革与教学质量问题愈来愈受到人们的关注。教学改革向深入发展,教学质量的提高不仅需要教学思想、教学内容、教学方法等的革新,同时也对教学管理制度的改变提出了新的要求。

一、计划经济时代大学教学管理制度的价值取向

高等教育作为人类的一种社会实践活动,具有一定的指导思想、价值观和价值取向。依据高等教育价值主要在于个人还是在于知识或在于社会,我们可以将指导人们高等教育实践的价值观大致分为个人本位为主的高等教育价值观、知识本位为主的高等教育价值观和社会本位为主的高等教育价值观。

三种不同的高等教育价值观的主要含义在于:个人本位为主的高等教育价值观主要是将高等教育利于个人发展的价值置于首位,或者认为高等教育的基本价值、主要价值在于促进个人理智的发展,以达到完善个性之目的;知识本位为主的高等教育价值观主要是将高等教育利于知识、学问发展的价值置于首位,或者认为高等教育的基本价值、主要价值在于知识创新,学术探究,促进学问的发展;社会本位为主的高等教育价值观主要是将高等教育利于社会、国家发展的价值置于首位,或者认为高等教育的主要价值在于为社会培养人才,以此促进国家政治经济和社会的发展。个人本位为主的高等教育价值观不仅盛行于19世纪的英国大学,而且现代西方国家的许多大学仍然以此作为开展教育活动的基本指导思想。但随着高等教育在社会发展中作用及价值的日益彰显,社会本位为主的高等教育价值观愈来愈在许多国家政府的高等教育政策中得到比较明确的体现,尤其是在采取集权高等教育管理体制的国家。

各种不同的高等教育价值观不仅影响着高校中人们的教育活动,同时也指导着高校中人们的管理活动。一般来说,在某一高等教育体制下或某一高

校中的教育活动与管理活动的价值取向是一致的，因为管理活动的作用在于保障教育活动的正常进行。

在计划经济时代，社会本位为主的高等教育价值观一直是我国政府制定高等教育政策、引领高等教育改革、促进高等教育发展的基本指导思想，同时也是高校开展教育活动与管理活动的基本价值取向。在计划经济时代，我国高校教学管理制度的社会本位为主的价值取向主要体现在以下几个方面。

1. 统一的管理。即在计划经济体制下，高校的教学管理实际上是由政府教育行政部门统一部署与指导的。最典型的事例是 20 世纪 50 年代中期，在高等教育部领导下展开的全国统一教学计划的制订。院系调整之后，为了保证各大学培养专门人才的质量，高等教育部于 1953 年开始着手制订全国统一的教学计划。高等教育部在下发的《关于修订高等工业学校四年制本科及二年制专修科各专业统一的教学计划的通知》中指出："必须明确认识制订统一的教学计划的重大意义。根据国家在过渡时期总路线总任务的要求，高等学校，特别是高等工业学校，必须在数量和质量两方面都能相适应地培养高级建设人才；而为了保证培养具有一定质量的合格人才，就必须有统一的教学计划。即使各校目前条件各有不同，也必须有统一的教学计划作为统一的基础和共同的奋斗目标。"①在高等教育部的直接指导下，1954 年共制订了 173 个专业的全国统一的教学计划，其中工科 119 个，理科 11 个，文科 5 个，农科 9 个，医科 5 个，财经 12 个，法律 2 个等。② 虽然 1957 年后不再实施全国统一的教学计划，但是教育部仍然在高校教学管理中发挥着具体的指导作用。如 1961 年颁布的《中华人民共和国教育部直属高等学校暂行工作条例（草案）》

① 高等教育部. 关于委托有关高等工业学校四年制本科及二年制专修科各专业统一的教学计划与执行统一的教学计划的若干规定[J]. 高等教育通讯，1954(4)：2－4.

② 胡建华. 现代中国大学制度的原点：50 年代初期的大学改革[M]. 南京：南京师范大学出版社，2001：227.

规定:“学校必须按照教育部制订或批准的教学方案、教学计划组织教学工作。”①

2. 严密的计划。即在计划经济体制下高校的教学管理以制订严密的教学计划作为起点,而且教学管理实施之目的就是保证教学活动得以按照教学计划有序地进行。“教学计划是学校全部教学工作的基本纲领,是培养目标的具体体现。完成教学计划是学校的基本任务。没有教学计划,学校的全部教学工作便无所依据,就不可能把教学工作引向有目的、有计划的轨道上去,也就失去了完成学校基本任务的保证。”②可以说,在计划经济体制下,教学计划是高校开展教学管理活动的基本依据,而教学计划的具体内容——具有鲜明社会本位特色的专门人才培养体系决定了高校教学管理活动的社会本位价值取向。

3. 刚性的制度。即在计划经济体制下,高校的教学管理制度对于学生来说是刻板的、严格的。由于高校一切教育、教学活动的出发点是为国家建设培养干部、为社会发展培养专门人才,学生的学习是国家或受国家委托的学校制订好的专门人才培养计划的具体展开过程,因此学生对于学习内容、学习时间、学习过程别无选择。这种教学管理制度的基本性质是控制,控制学校的教学过程按照教学计划的规定展开,控制学校的教学活动得以实现预定的符合国家需要的专门人才培养目标。

二、大学教学管理制度价值取向改变的影响因素

上述计划经济时代形成的高校教学管理制度的社会本位为主价值取向,

---

① 中华人民共和国教育部直属高等学校暂行工作条例(草案)[M]// 上海市高等教育局研究室,等编. 中华人民共和国建国以来高等教育重要文献选编(上).265.

② 师范学院暂行教学计划说明[M]//《当代中国》丛书教育卷编辑室编.当代中国高等师范教育资料选(上).上海:华东师范大学出版社,1986:445.

在20世纪八九十年代以来的社会改革潮流中，尤其是进入21世纪之后高等教育发展的新形势下受到了严峻的挑战，高校教学管理制度在价值取向上的转变成为改革之必须。引起这种转变的高校内外因素可以归纳为以下三个主要方面。

第一，计划经济体制向市场经济体制的转轨使得大学所处的社会环境发生了某些带有根本性质的变化，这种变化必然对高校的思想观念、行为模式等产生全面而深刻的影响。譬如，在计划经济体制下，高校的办学经费基本上来自政府的财政拨款，而在市场经济条件下，(公办)高校的经费除继续获得政府的财政拨款之外，由于政府财政拨款的不足，高校还必须多渠道自筹办学经费，形成了财政支付、社会出资、高校自筹、受益者负担的多渠道经费来源结构。这种经费来源结构的变化使得高校由计划经济体制下的为政府办学、依赖政府办学逐渐转为面向社会、面向市场的自主办学。又如，在计划经济体制下，人们习惯了免费接受高等教育、大学毕业后由政府分配工作的模式，而随着市场经济的发展，高校收费制度的实施打破了长期以来形成的惯习，交费上学、自主择业成为新的接受高等教育的方式。

第二，近些年来高校教学改革的不断深入使得高校教学活动发生了很大的变化，这种变化促使教学管理制度必须进行某些带有根本性质的改革。例如，选择性成为当前我国高校课程体系改革的重要特征之一，即高校课程体系中选修课所占比重明显提高。许多高校的本科课程结构中，选修课程的比例已经达到20%—30%多。高校课程体系由计划经济体制下的基本或完全必修，转变为现在的选修课比例大幅提高，这就要求高校的教学管理从理念、制度到方法、手段都必须进行相应的改变，否则管理有可能成为改革发展的障碍。

第三，以促进学生的个性发展作为高校教育、教学活动的目的之一，以学生为中心的重要教育理念正在成为影响高校开展教学活动的重要因素。教育部在2007年下发的《教育部关于进一步深化本科教学改革全面提高教学质量的若干意见》中指出："要采取各种措施，通过推进学分制、降低必修课比例、加大选修课比例、减少课堂讲授时数等，增加学生自主学习的时间和空间，拓宽学生知识面，增强学生学习兴趣，完善学生的知识结构，促进学生个性发展。"①可以认为，将促进学生个性发展作为高校教学活动的主要目的之一，这体现了高等教育从学生出发、以满足学生需要为基础、以促进学生发展为前提这样一种价值观。而高等教育制度上的一些改革，如交费上学、自主择业则构成了上述理念、价值观转变的客观基础。学生在交付了一定的学费之后，就拥有了一定的选择学习的权利，这种选择学习的权利不仅体现在进入大学之前，而且也要体现在进入大学之后；面向市场、自主择业的毕业生就业制度，要求高校学生为适应社会就业市场的变化而对自己在高校的学习内容与发展方面做出一定程度的自我设计，这种自我设计的基础是其拥有选择学习的自由。

三、新价值取向下的大学教学管理制度改革

在市场改革的背景下，伴随着高校教育、教学活动与高等教育价值观的变化，高校教学管理制度的价值取向由完全的社会本位为主转向兼顾社会发展与学生个人发展，就成为一种历史的必然。这种转向在教学管理理念、制度、内容、方法等方面的具体反映，我们可做以下三点归纳。

1. 服务将成为高校教学管理制度的一个基本性质。如前文所述，在计划经济体制下，高校教学管理制度的基本性质是控制，这是由社会本位的价值取向，即高校的教育、教学活动是为国家发展培养干部、为社会培养专门人才所决定的。当促进学生个性发展成为高校教学活动的目的与价值取向时，高校教学管理制度的基本性质就不仅仅是控制了，服务于学生的发展成为新的

① 教育部. 教育部关于进一步深化本科教学改革全面提高教学质量的若干意见[EB/OL]. [2021-12-16]. http://www.moe.gov.cn/srcsite/A08/s7056/200702/t20070217_79865.html.

内容。这种服务应是全方位、全过程的。在美国大学留过学的人，大都对美国大学中管理人员的服务精神以及为学生学习所提供的便利条件留有深刻的印象。在美国大学的教学管理理念与制度中，学生不是“管理”的对象，而是“服务”的对象，学校管理活动的终极目标是通过创设良好的条件、氛围与环境使学生在大学的学习、生活和成长得以顺利进行。应该说，这种由“控制”到“服务”的转变是深刻的、带有根本性质的，它不仅是理念上的，而且还是制度上、内容上、方法上的。

2. 以新的质量观指导高校的教学管理活动。虽然保障教学质量仍然是高校教学管理活动的目标之一，但在强调促进学生个性发展的价值取向关照下，其具体内涵也将发生相应的变化。例如，就质量目标而言，在计划经济时代社会本位为主的价值取向指导下，高等教育的质量目标是按照教学计划培养出符合国家、社会要求的专门人才，为国家造“材”是第一位的。而当促进学生个性发展的价值取向得到一定的彰显之后，学生个人的发展被逐渐纳入教育的视野，高等教育的质量目标在考虑培养社会所需要的专门人才的同时，还要关照学生个人的发展。就实现质量的过程与途径而言，依据国家对专门人才的规格要求确定培养目标，制订教学计划，严格按照教学计划开展教学活动，这是计划经济体制下实现高等教育质量的基本过程。这一过程完全是由国家或受国家委托的高校制订并主导的，学生扮演着被动参与的角色。当从学生出发成为高校开展教育、教学活动的原则，学生选择学习的自由不断增加之后，学生就成为完成自身发展过程(同时也是实现高等教育质量的过程)的一个主要制定者。就质量评价而言，在社会本位为主的价值取向指导下，高等教育质量的评价标准是统一的，或者说是单一的，即主要以是否符合专门人才的规格要求作为评价高等教育质量高低的尺度。为了维持统一的质量标准，人们往往注重统一的教学计划、统一的教学大纲、统编教材。在以促进学生个性发展为价值取向的状况下，高等教育质量的评价标准是多元的。这是由人的多样性、人的发展的多样性所决定的，即学生获得选择学习的自由，参与个人学习计划的制订之后，就再也无法用一个尺度来衡量高等教育的质量。

3. 建立适应学生个性发展的灵活的教学管理制度。在以社会本位为主的价值取向主导下所形成的教学管理制度必然是刚性的，因为为国家培养干部也好，为社会培养专门人才也好，都有一个基本的要求与标准，高校的教学活动必须按照这种要求与标准去进行，高校教学管理制度是确保实现这种要求与标准的基础。而当促进学生个性发展成为高校教学活动与管理活动的价值取向之后，高校就应该根据学生发展的多样性建立灵活的教学管理制度。如，“建立自主学习制度。自主的学习制度应当是学生能根据自己的兴趣、特长和实际条件，自主选择主攻的专业方向、自主选择修习的课程、自主选择学习的方式（选时间、地点、媒体等），甚至自主选择喜欢的老师。这有利于培养大学生自我负责的精神，有利于塑造具有个性和创造性的人才，有利于满足社会对人才的多样化需求。为此，要逐步实现专业选择自主，大学要在制度上为那些希望转换专业的学生提供便利；要加大选修课程的自由度。学分制、选课制、主辅修制等制度都是有利于扩大学习选择性的管理制度，但有待于进一步完善。”“改革教学评价制度，建立有利于创新的考试评价制度，可引入‘创新学分’和‘科研学分’。”“完善学籍管理制度，例如免修、免考制度、要变刚性的学制为弹性学制，从制度上保障大学生可能根据自己的实际情况，自主选择学习年限，提前和推迟毕业，为大学生休学与转学搭建制度平台。”①

① 胡建华，王建华，王全林，等.大学制度改革论[M]. 南京：南京师范大学出版社，2006:217.

第四节 大学教学革新与创新型人才培养

当许多国家的高等教育进入大众化或普及化阶段，高等教育文凭成为人们在现代社会中发展所必需的“通行证”时，大学对于个人、社会的作用日趋重要。大学对于社会的作用，概括起来说，主要就是贡献知识，培养人才。现代大学在为受教育者提供各种知识、丰富他们的精神世界、提高他们的知识修养、训练他们的专门技能的同时，也为社会培养着各种不同专业、不同类型的人才。这其中，创新型人才的培养近年来受到人们的广泛关注。因为创新型人才在现代科学技术发展、社会经济进步中发挥着关键性作用。大学如何培养创新型人才，这不仅是一个实践问题，也是理论研究所必须回答的。

一、教学是大学培养创新型人才的主要途径

众所周知，大学中的人才培养与中小学相比有着不少区别。如果说中小学对学生的培养主要是通过教育教学的途径，那么大学的人才培养除了通过教育教学之外，科学研究、社会实践等都发挥着重要的作用。尤其是在创新型人才的培养过程中，科学研究、社会实践与教学相比或许发挥的作用更大一些。但是尽管如此，我们并不能轻视大学教学与创新型人才培养之间的密切关系，教学仍然是大学培养创新型人才的主要途径。

教学作为培养创新型人才的主要途径，首先是由大学的基本性质决定的。什么是大学的基本性质？大学从其产生时起就是作为一种教育机构、一种培养人才的机构而出现与存在的。“所有中世纪大学的基本目的是专业教育，时代要求大批受过良好教育的人以满足需求，大学接受了这一任务。法律、医学、神

学和艺术都是需要有能力并受过教育的人所从事的专业,大学正提供了这些教育。”[①]尽管经过几百年的发展,现代大学已经是职能日趋多样,活动不断扩展,但培养人才仍然是大学的首要任务,也是大学之于社会的主要意义所在。培养人才必然依靠传播知识的教师组织开展的教学活动。“不言而喻,没有教师就无所谓大学或学校的存在。学校教育既不同于以实践为主的学徒训练,也不同于家庭教育。其原因就在于有了对特定数量的学生进行授课的教师。”[②]在大学,人才成长于教师组织的教学活动及校园氛围中,这是与“自学成才”相比的最重要区别之处。创新型人才的培养虽然在内容与途径上与其他人才的培养有着许多不同,但是大学的教学活动与校园氛围同样是不可缺少的。

教学作为培养创新型人才的主要途径,还与创新型人才的特征及成长要素有着密切的关系。创新型人才具有什么样的特征,这是许多研究者在研究创新型人才培养时首先探讨的问题。如有研究者将创新型人才的特征归纳为这样7个方面:第一,对问题具有高度的敏感性;第二,观念具有高度的流畅性(多样性);第三,思维具有灵活性;第四,认识具有新颖性;第五,智商在中常以上;第六,人格特征显明;第七,豁达的态度。[③] 也有研究者从人的心理要素的角度,认为创新意识、创新思维、创新能力、创新品格等构成了创新型人才的心理品质,成为创新型人才成长及有所创新的基础。人们在讨论创新型人才的特征、品质时还进一步指出,知识在创新型人才的成长以及创新活动中是不可或缺的。“创新不是别的,而是知识的重新组合。从知识形态上看,任何一种创新都是先把原有的知识从固定的结构中游离出来,然后在全新的组织中产生全新的系统,全新的知识结构。”“创新从来就不是空洞的,而总是依托一定的知识和经验的,几乎不存在无知识的所谓创新,也不存在能够脱

① 转引自:胡建华,陈列,周川,等.高等教育学新论[M].南京:江苏教育出版社,2006:240.

② 希尔德·德·里德-西蒙斯,主编.欧洲大学史 第1卷·中世纪大学[M].张斌贤,等译.保定:河北大学出版社,2008:158.

③ 郑金洲.创新能力培养中的若干问题[M]//赵承福,陈泽河.创造教育研究新进展.济南:山东人民出版社,2002:65-66.

离知识而存在的单纯的能力。"①没有知识或者缺少知识，创新型人才就很难成长，创新活动就很难展开，也很难产生创新的成果。而大学正是首先通过传播知识来培养创新型人才，以传播知识为主要目的的教学活动在创新型人才培养过程中的重要作用是不言而喻的。

二、培养创新型人才教学活动的基本特点

大学中的教学活动并不是天然地或自然地就对创新型人才的培养起作用的。什么样的教学活动能促进创新型人才的培养，这值得我们认真研究。

在大学发展的历史上，将培养创新型人才作为大学的使命也许开始于19世纪初的德国大学。17、18世纪的欧洲，大学的发展缓慢，且有些游离于社会进步之外，尤其是在教学方面存在着不少问题。有研究者这样描述17、18世纪欧洲大学的教学，"旧有的知识并没有增加，而只是被一再重复，变得越来越泛，越来越滥。人们老想永远在同一块土地上收获庄稼，可是既不耕地也不施肥。"②这种状况引起了18世纪末、19世纪初的德国思想家们对大学问题的深入思考。如哲学家谢林认为，大学中"富有精神的知识传授必须具有能够正确、全面理解过去和现在他人所创知识的能力"，而要正确、全面理解他人所创造的知识则必须具备知识创造的内在精神，且亲身参与知识的研究创造。从这一意义上讲，"只会单纯传授知识的人，实际上在多数情况下、在许多学问领域是无法传授知识的"。③ 谢林还论述了大学教学所应采取的方法："大学教学具有发生意义上的特殊使命。教师不能像著作者那样只提供研究所达到的结果，而应至少在学问的高级层次展现达到结果的方法。这就是活

---

① 郑金洲.创新能力培养中的若干问题[M]//赵承福，陈泽河.创造教育研究新进展.济南：山东人民出版社，2002：67.

② 卡尔·伯克.联邦德国的高等学校及其问题[N].中国教育报，1984-09-01(3).

③ F.W.Schelling.学問論[M].胜田守一，译.东京：岩波书店，1957：38.

的教学方法的本质特征。”①又如，施莱尔马赫指出，大学的主要任务在于“在已经掌握了大量知识的优秀青年的思想里激活科学的理念”，使他们在科学的立场上觉察到事物与事物之间的紧密联系（而非只注意到个别事物），通过自己的思考自觉地学习科学的根本法则，从而发展各自的研究能力、发现能力与表现能力。“这就是被称作大学的机构之意义所在。”②以这些思想家的大学理念为基础实施改革的德国大学，将培养学术上的创新型人才作为大学的主要目标，教学活动发生了深刻的变化。譬如，习明纳尔（seminar）的教学形式成为德国大学教学的一个突出特征。习明纳尔的“目的不只是传授已经获得的知识，而且要引导学生进入科学工作，不只是传播知识本身，而且要传授知识如何求得的法门”③。虽然习明纳尔早在18世纪初期的哈勒大学、哥廷根大学就已出现，但是在18世纪大学的习明纳尔里也只是“向学生传授一些被认为有用的不成体系的实务知识”。而在柏林大学的习明纳尔上，“是让学生参加教授的研究活动，是以使学生习得教授的思想、教养为目的。因此，神学的习明纳尔不传授对神职人员有用的实务知识，而讨论哲学、历史学、东方学。语言文献学的习明纳尔则成为培养古典学者的温床”。④ 19世纪初期的德国大学改革引领了19世纪世界大学近代化的潮流，德国大学以其高水平的教学活动而成为发现知识、传播知识、培养人才、输送人才的重要场所。“到19世纪70年代左右为止，全世界能够训练学生从事科学、学术研究的机构，实际上唯有德国的大学。”⑤

上述19世纪德国的大学改革给我们揭示了一些培养创新型人才的教学活动的特点。在科学技术、高等教育有了更大发展的今天，大学中的人才培

① F.W.Schelling.学問論[M].胜田守一，译.东京：岩波书店，1957：4.

② F.Schleiermacher.ドイツ的意味での大学についての随想[A]. F.Schleiermacher.国家権力と教育[C].梅根悟，译.东京：明治图书出版株式会社，1970：30.

③ 鲍尔生.德国大学与大学学习[J].高教研究丛刊（五）.91.

④ Stephen d'Irsay.大学史（下）[M].池端次郎，译.东京：东洋馆出版社，1988：286.

⑤ Joseph Ben David.学問の府[M]. 天城勳，译.东京：サイマル出版会，1982：33.

养与19世纪相比发生了诸多变化。总结现代大学的丰富的实践,我们似可以对培养创新型人才的大学教学活动所应具有的基本特点做如下的归纳与分析。

1. 教学活动的研究取向。教学活动就其本义而言,主要应指传授知识(从教师的角度来看)与接受知识(从学生的角度来看)。从现代学校教育的实践来看,的确在中小学传授知识与接受知识构成了教学活动的主要内容,人们所关注的是教师如何科学、合理地传授知识以提高学生接受知识的能力与效率。大学阶段的教学活动中传授知识与接受知识仍然是不可缺少的。但是从培养创新型人才的角度出发,如何使传授知识与接受知识具有研究性则是教学的关键所在。因为创新活动是以研究为基础的,或者说创新本质上即是一种研究;所以培养创新型人才必须以培养其研究能力为前提。在大学教育中,研究能力的培养不能仅仅依靠研究活动(当然,研究活动对于研究能力的培养是至关重要的,这一点我们将在下一节探讨),教学活动中的研究能力培养也必须受到足够的重视。按照洪堡的大学理念,研究与教学相结合的基本原则不仅体现在通过研究进行教学,研究成为培养学生的主要途径之一,而且体现为教学过程即研究过程,教学成为促进研究的一种手段。“研究与教学统一的理念不仅规定了教授的作用,而且意指教学活动必须与研究紧密结合,并且直接建立在所取得的研究成果之基础上。大学教师必须不断地进行研究活动,并将从研究活动中获得的见解与成果直接用于教学。更进一步明确地说,开展其成果能够在教育中立刻发挥作用的研究活动,这是大学教师的义务。”[①]这种亦教学亦研究的活动过程无疑给创新型人才的培养与成长造就了一种“学术场”。

2. 教学活动的独立取向(这里的“独立”是就教学活动中的学生地位而言的)。人们通常认为,“学校教学过程,是学生在教师的指导下,有目的、有计

① Barton R. Clark.大学院教育の研究[M]. 潮木守一,译.东京:东信堂,1999:16.

划、有系统、有步骤地接受人类长期累积起来的科学文化知识和技能，发展智力、能力，并且形成一定的世界观、道德品质和个性的过程”①。如果说学生的认识发展过程是学校教学过程的基本内容，那么这种认识发展过程与一般认识过程的最大区别可能就在于教师的参与，即学生的认识是在教师的指导下发展的。这样的关于教学过程的认识对于中小学来说毫无疑问是全面的。而大学的教学过程同样也具有学校教学过程的基本性质，但是就培养创新型人才来说，其教学过程还应该是学生逐步走向独立的过程，是学生“相对独立地从事掌握专业理论知识、独立地从事科学发现和实践活动的过程”②。独立地开展研究与创新活动，这是创新型人才所必须具备的基本能力，这种能力应该在大学的教学过程中得到培养。其实，早在19世纪初期，洪堡就认为大学的学生应该能够独立地去研究学问。在他看来，大学中的教师与学生是学问交流的双方，处在相同的立场或位置上，“各自自主、孤独地从事着学习或研究活动”。“大学教师已经不是通常意义上的教师，学生也不是被动的学习者。学生自主地从事研究活动，教师则对学生的研究给予指导、帮助。”③

3. 教学活动的实践取向。如上文所述，学校教学活动的主要目的之一在于促进学生的认识发展，因此传授知识与接受（学习）知识是教学活动的主要内容。这一关于教学活动的理解于中小学、于大学都是确切的、合理的。不过，就大学培养创新型人才的教学过程来讲，发展学生的认识使其知识得到增长固然重要，培养学生应用知识于实践、走向发现创造才是大学教学所要达到的更高的目标。人类的创新活动有许多种类，既有科学的发现，又有技术的发明；既有新理论的构建，又有新产品的实验；既有新知识的生产，又有新器物的制造；凡此种种，都是人类的一种实践活动，都需要人们具有创新的实践能力。这种实践能力当然也是大学创新型人才培养的主要内容之一。

---

① 胡建华，陈列，周川，等.高等教育学新论[M].南京：江苏教育出版社，2006：390.

② 胡建华，陈列，周川，等.高等教育学新论[M].南京：江苏教育出版社，2006：394.

③ H. Schelsky.大学の孤独と自由——ドイツの大学ならびにその改革の理念と形態[M]. 田中昭德，译. 东京：未来社，1970：104.

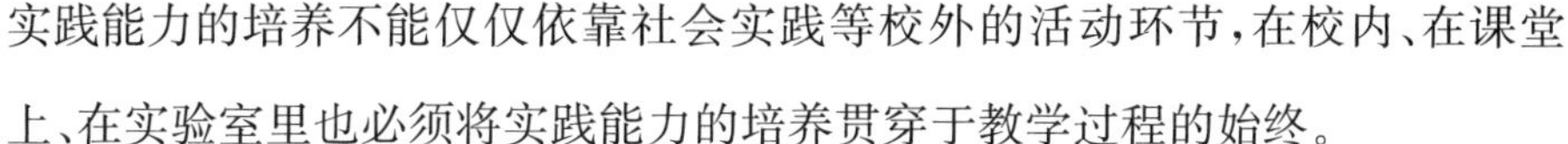

实践能力的培养不能仅仅依靠社会实践等校外的活动环节，在校内、在课堂上、在实验室里也必须将实践能力的培养贯穿于教学过程的始终。

三、培养创新型人才的教学革新

培养创新型人才的大学教学活动所具有的研究取向、独立取向、实践取向的基本特点，为我们实施大学教学改革提供了一种思路或参照系。我们不妨从构成大学教学活动的一些基本要素出发，来探讨以培养创新型人才为主要目标的大学教学革新问题。

1. 教学观念革新：关注学生的“学习自由”。教学观念是指导或影响教学活动的展开，如教学方案的制订、课程体系的安排、教学方法的选择等的重要因素。计划经济时代，在为国家培养规格统一的专门人才以及有计划地实施教学过程的观念指导下，大学的教学活动体现出统一性、计划性等基本特征，学生在进入大学之时，其 4 年所学课程已经被有目的、有计划地安排好，4 年的学习过程即是这一制订好的教学计划的展开过程。这种方式虽然对培养有一定规格要求的专门人才是有作用的，但是对创新型人才的培养也许不太适宜。创新是一种不受拘束、富有个性的活动，因此，培养创新型人才勇于质疑、善于批判、敢于打破常规的能力与素质十分重要。而这些能力与素质的培养需要有一种宽松、自由的学习氛围。所以，重视学生的学习自由之教学观念是开展培养创新型人才活动的基础。其实，早在 19 世纪德国大学培养学术创新人才的实践中，学习自由就被作为一条基本原则。

2. 教学内容革新：构建加强基础、重视跨学科的课程体系。现代科学的发展态势和创新活动的规律告诉了我们宽厚的基础、开阔的视野对于创新型人才的重要性。而这种宽厚的基础、开阔的视野的培养需要大学设置拓宽基础、重视跨学科的课程体系。因此，美国的许多研究型大学都十分重视跨学科、基础课程的开设。例如，人们常提到的哈佛大学开设了跨7大类11领域的核心课程。又如马里兰大学开设的创造力课程，由3个学科的3位教授主讲在科学、音乐、建筑方面的创造性活动及作品，帮助学生理解创造性思维与创造性人才的基本特征。[①] 这种按照主题而非学科开设课程的方式充分反映了现代科学发展的综合化趋势。过去大学开设的课程基本上是从学科出发，按照学科的体系，可称作"学科课程"；在现代大学的课程体系中，虽然"学科课程"仍然需要，但是重视"主题课程"、"综合课程"是教学内容改革的一大趋势。这种课程的发展趋势有利于培养宽基础、跨学科的创新型人才。

3. 教学方法革新：形成讨论、研习之风。有研究者在总结美国研究型大学的教学发展时指出：自20世纪80年代以来，美国研究型大学的探究性学习有了很大的发展，呈现出多种模式，除了'苏格拉底教学法'、'案例教学法'等传统的模式之外，还有基于问题的学习(problem-based learning)、基于课题的学习(project-based learning)、一年级习明纳尔(first year seminar or freshman seminar)、高峰体验(capstone experience)、探究性课程(inquiry-based courses)等。[②] 这些模式也好、学习也好、课程也好，所体现出的共同特点是要让学生通过讨论、研习等投身到大学的教学过程中来。我国的大学教学与美国的大学教学的重要区别或许在于：我国大学的课堂往往是"一言堂"，美国的大学课堂经常是"群言堂"；我国的大学生善于接受教师的传授，美国的大学生勇于表达自己的意见。如果就培养创新型人才来讲，毫无疑问需要"群言堂"的教学氛围，需要培养勇于表达独特见解的能力。这就要求我国的大学教学在方法上必须更加注重调动学生主动投身学习，形成讨论、研习之风，培养问题意识与创新精神。

---

① 叶取源，刘少雪. 架设人文教育与科学教育的桥梁——美国大学跨学科项目案例介绍和分析[J].中国大学教学，2002(9)：46－48.

② 钟秉林.中国大学改革与创新人才教育[M].北京：北京师范大学出版社，2008：59.

4. 教学环节革新:提高实践教学的研究性。实践教学是大学教学中的主要环节之一,因为大学的教学过程“是一个使学生将高度抽象的专业理论知识应用于具体实践活动,以发展知识应用技能与改造世界的态度和意识的过程”①,这种态度、意识以及知识应用能力的培养必须依靠实践环节。如果我们将大学的教学过程主要分为学习知识与应用知识两个主要部分的话,我国的大学教学一贯对学习知识非常重视,而对应用知识则关注不够,这既有教学观念、指导思想方面的原因,也有教学条件、内容及方法等方面的问题。而且,在实践教学中,往往偏重于验证性的实践,缺少研究性的实践,即实践教学的研究性不足。这种状况是无法满足培养创新型人才的要求的。因此,以创新型人才培养为目标的大学实践教学,必须从培养学生的问题意识入手,以解决真问题为内容,“在游泳中学会游泳”,在研究中培养创新能力。

第五节 大学科学研究与创新型人才培养

“研究活动是高等教育的重要组成部分,这一认识主要彰显于19世纪的德国大学。到19世纪末,这种认识传播至世界各国,并得到普遍认可。”②自那时以来,科学研究逐渐成为大学,尤其是研究型大学的主要活动。大学中的科学研究与社会上的其他研究机构(如企业的研究所、独立的科研机构等)的科学研究的最大区别或许在于,大学的科学研究不仅担负着发现知识的重要使命,而且在培养人才的过程中也发挥着不可或缺的作用。在培养创新型人才成为大学教育的重要目标的今天,探讨如何正确认识、充分发挥科学研

① 胡建华,陈列,周川,等.高等教育学新论[M].南京:江苏教育出版社,2006:394.

② Joseph Ben David.学問の府[M]. 天城勳,译.东京:サイマル出版会,1982:145.

究在培养创新型人才中的作用显得尤为必要。

一、科学研究活动之于创新型人才培养的意义

大学中的研究活动从一开始就是和教学、培养人才紧密关联的。19 世纪初期，在创立柏林大学的过程中发挥重要作用的洪堡提出了“通过研究进行教学”的大学理念。研究与教学相结合的基本原则不仅体现在通过研究进行教学，研究成为培养学生的主要途径之一，而且体现为教学过程即研究过程，教学成为促进研究的一种手段。“研究与教学统一的理念不仅规定了教授的作用，而且意指教学活动必须与研究紧密结合，并且直接建立在所取得的研究成果之基础上。大学教师必须不断地进行研究活动，并将从研究活动中获得的见解与成果直接用于教学。更进一步明确地说，开展其成果能够在教育中立刻发挥作用的研究活动，这是大学教师的义务。”①将研究引入教学，通过研究培养人才，这为当时陷入困境的欧洲大学开辟了新的发展路径，在这一理念指导下改革的德国大学引领了大学近代化的潮流。“到 19 世纪 70 年代左右为止，全世界能够训练学生从事科学、学术研究的机构，实际上唯有德国的大学。”②19 世纪的德国大学在培养学术创新人才方面所发挥出的重要作用是有目共睹的。例如，在诺贝尔奖颁发的前 30 年内，德国科学家获奖人数占全部获奖者的 30％；获得物理学奖的 34 位科学家中，有 14 位接受过德国大学的培养。

虽然现代大学所要培养的创新型人才已经超出了 19 世纪德国大学培养的学术创新型人才的范围，但是各类创新型人才必须具有的“研究特征”没有发生变化，因为创新活动总是以研究为基础，或者说创新本质上即是一种研究。那么，研究活动对于创新型人才的培养究竟具有哪些意义呢？

---

① Barton R. Clark.大学院教育の研究[M]. 潮木守一，译. 东京：东信堂，1999：16.

② Joseph Ben David.学問の府[M]. 天城勳，译.东京：サイマル出版会，1982：33.

首先,研究活动有助于培养创新型人才的创新意识。创新意识对于创新活动的开展十分重要。创新意识是与创新有关的一切思维与活动的起点。它是指驱使个体进行创造行为的心理机制,是创造的愿望、意图等思想观念。没有创新意识的人,不可能进行创造和发明。[①] 因此,培养创新意识是创新型人才培养必须解决的首要问题。何谓创新意识?创新意识的实质就是问题意识。人们在创新认识活动中,经常意识到一些难以解决或疑惑不解的实际问题,并产生一种怀疑、困惑、焦虑、探索的心理状态,这种心理又驱使个体积极思维,不断提出问题、分析问题和解决问题。思维的这种问题性心理品质,便是问题意识。[②] 这种问题意识(创新意识)的培养正是可以通过研究活动进行的,或者说研究活动是培养问题意识的有效途径。众所周知,研究活动始于问题,"科学和知识的增长永远始于问题,终于问题——愈来愈深化的问题,愈来愈能启发新问题的问题。""正是问题才激励我们去学习,去发展我们的知识,去实验,去观察。"[③]因此,通过研究活动培养创新型人才,首先就是培养他们的创新意识。

其次,研究活动有助于培养创新型人才的创新方法。方法对于科学研究、知识创新的重要作用是不言而喻的。譬如巴甫洛夫就说过关于方法的这样一段名言:"科学随着方法学上获得的成就而不断跃进,方法学每前进一步,我们便仿佛上升了一级阶梯,于是我们就展开更广阔的眼界,看见从未见过的事物。"[④]研究方法对于科学的发展是如此,对于研究活动来说同样必须,它就像我们常说的,是"过河的桥或船"。那么,如何学习研究方法、掌握研究方法,特别是根据不同的研究内容或所要解决的问题选择研究方法呢?对于创新型人才的培养来说,教授他们关于方法的知识固然重要,但是如果没有

---

① 李世海,高兆宏,张晓宜.创新教育新探[M].北京:社会科学文献出版社,2005:85.

② 李世海,高兆宏,张晓宜.创新教育新探[M].北京:社会科学文献出版社,2005:86.

③ 卡尔·波普尔.猜想与反驳——科学知识的增长[M].傅季重,纪树立,周昌忠,等译.上海:上海译文出版社,1986:318.

④ 转引自胡建华,陈列,周川,等.高等教育学新论[M].南京:江苏教育出版社,2006:489.

在实际研究活动中应用方法，那么这些方法还只是书本的、理论的。就像人们学习游泳一样，有关游泳的知识掌握得再多，如果不到水中去练习，那终究还是学不会游泳的。因此，开展研究活动是培养创新型人才真正掌握和应用研究（创新）方法的唯一有效途径。

二、大学中科学研究活动的变化

在现代大学中，并不是所有的科学研究活动都会对教学、对人才培养发挥作用。这里，我们有必要对现代大学的科学研究活动做些简略的分析讨论。虽然大学中的研究活动最初是以培养人才为主要目的、在和教学的结合过程中发展的，但是现代大学的科学研究在目的、内容、组织、范围等方面都发生了很大的变化。

在研究的目的与内容上，现代大学的科学研究已经不仅仅是洪堡时代的以纯粹学术为目的，即为了促进教学，促进学术人才的培养；学术之外为满足社会、经济乃至国家的发展成为大学科学研究的主要目标之一。这种研究目的与内容的显著变化开始于 20 世纪 40 年代的美国。“在这一时期，研究生院的巨大的研究能力被动员参加到一些研究开发项目中，例如历史上规模最大的研究开发项目——原子弹的研制。研究经费急剧增加，同时用于高等教育的支出也有大幅的增长。大学内设置了从未见过的大规模研究所，这些研究所虽然不完全被大学所包容，但是它们处于大学的管理之下，例如伯克利的劳伦斯辐射研究所、芝加哥的阿尔贡研究所。这样的状况改变了大学教师和行政管理者的视野与观点，开展与教学没有直接关系的研究被看作是大学可以发挥的正常作用，甚至是主要的作用。”①

在研究的组织上，“大科学”时代对科学研究的要求逐渐影响到大学。在

① Joseph Ben David.学問の府[M]. 天城勳，译.东京：サイマル出版会，1982：176.

20 世纪中叶之前，科学的发展处在“小科学”时代。所谓“小科学”，一般指“历史上那种以增长人类知识为主要目的、以个人的自由研究为主要特征的科学”。20 世纪 40 年代开始，科学研究进入“大科学”时代，其特征是“规模巨大，拥有高级技术装备，并对社会经济、政治、文化等产生重大影响作用”，也可以说是“涉及学科多，参加人数多，耗用资金多，且需要时间长的大型科学项目”。[①] 例如，二战期间，美国的“曼哈顿工程”从 1942 年开始至 1945 年结束，耗资 20 亿美元，参与的研究人员上千人，其中最为引人注目的是一批一流大学作为工程的基础与核心，如进行气体发散研究的哥伦比亚大学，进行电磁分离和钚研究的加利福尼亚大学伯克利分校，进行武器理论和链式反应研究的芝加哥大学，以及提供辅助数据的明尼苏达大学、威斯康星大学、哈佛大学、康奈尔大学等。[②]

上述这些研究的目的、内容、组织、范围等的变化，使得“研究漂移”这样一种现象产生了。伯顿·克拉克认为：“现代科研的需要，强行规定，越来越多的科研份额变得安排在承担教学的系之外，而且进一步安排在大学之外。这些地方，可能有或者可能没有它们自己的教学形式和科研学徒的参与，它们明确地把科研活动从大学的教学单位和中心的课程构架中分离出去。这个趋势叫做‘科研漂移’(research drift)。”[③]大学中的“研究漂移”主要指有些研究虽仍然在大学内进行，但是这类研究已经脱离教学，与教学不发生直接联系。伯顿·克拉克的“科研漂移”准确地概括了在现代大学中科学研究活动所发生的某种带有根本性质的变化。

① 转引自：胡建华，王建华，王全林，等.大学制度改革论[M].南京：南京师范大学出版社，2006：260.

② 沈红.美国研究型大学形成与发展[M].武汉：华中理工大学出版社，1999：60.

③ 伯顿·克拉克.探究的场所——现代大学的科研与研究生教育[M].王承绪，译.杭州：浙江教育出版社，2001：14.

表 1-3　按研究类型美国等四国不同研究部门研究经费的构成①

比例：%

部门	研究类型	美国 2018 年	法国 2017 年	日本 2019 年	中国 2018 年
企业	基础研究	6.2	7.0	7.6	0.2
	应用研究	15.5	42.9	16.0	3.8
	开发研究	78.3	50.2	76.4	96.0
政府研究机构	基础研究	19.1	29.2	23.5	15.6
	应用研究	34.9	60.2	32.9	30.2
	开发研究	46.0	10. 6	43.6	54.2
民间研究机构	基础研究	51.2	39.8	22.5	—
	应用研究	32.9	49.7	38.8	—
	开发研究	15.9	10. 5	38.7	—
大学	基础研究	62.3	67.3	53.9	40.5
	应用研究	27.9	27.0	37.3	48.8
	开发研究	9.8	5.7	8.8	10.7
总体	基础研究	16.6	22.7	15.1	5.5
	应用研究	19.8	41.9	20.4	11.1
	开发研究	63.5	35.4	64.5	83.3

当然，我们也应看到，基础性仍然是大学科学研究的基本性质，通过基础研究产生新认识、创造新理论、扩大新知识仍然是大学对于科学发展、人类进步所应该发挥的主要作用。“大学科研是不考虑其工作是否有间接或直接的用处的。科研的目的首先是针对知识本身的，是为了发展知识，而不是为了利用知识。衡量大学科研的尺度是认识上的进步、方法和结果的真实性和可检验性。”②表 1-3 提供的数据表明，各类科研部门的基础研究、应用研究、开

① 日本文部科学省.科学技術要覧 · 研究費[EB/OL].[2021-12-12]. https://www.mext.go.jp/b_menu/toukei/006/006b/1413901_00004.htm.

② 德国科学委员会.德国高等学校 90 年代发展展望[M]//吕达，周满生.当代外国教育改革著名文献(德国、法国卷).北京：人民教育出版社，2004:42.

发研究的研究经费比例在美国、法国、日本这三个国家中大体相似。例如，大学的研究经费用于开发研究的比例都在10%以下(大学研究经费中，开发研究所占比例美国仅占9.8%，法国仅占5.7%，日本则占8.8%)，而基础研究经费的比例均在50%以上(大学研究经费中基础研究所占比例美国占62.3%，法国占67.3%，日本占53.9%)。相比之下，我国大学研究经费中基础研究占40.5%，开发研究占10.7%。这种情况也是我国研究经费整体的反映。我国研究经费中基础研究占5.5%，远低于其他三国；开发研究占83.3%，超出其他三国许多。表1-4则表明大学的基础研究经费在国家基础研究总经费中占有主要的比例，美国、英国、法国、日本基本上都在50%以上，法国2010年高达71.6%。我国大学基础研究经费在国家基础研究经费中的比例一直呈上升的趋势，2008年开始超过50%。这种经费的比例状况从一个侧面充分说明了大学科学研究的基础性。

表1-4 美国等五国大学基础研究经费占基础研究总经费的比例①

比例：%

年度	美国	英国	法国	日本	中国
2000	53.6	—	69.6	48.6	38.1
2001	52.9	—	70.7	48.9	34.1
2002	54.9	—	70.0	48.1	37.7
2003	55.8	—	69.5	48.4	37.5
2004	57.9	—	67.5	49.2	40.9
2005	57.8	—	67.1	49.6	43.2
2006	59.1	—	67.9	48.6	45.8
2007	57.2	55.1	66.2	48.5	49.7
2008	56.3	55.6	66.8	48.9	52.0

① 日本文部科学省 科学技术・学术政策研究所. 科学技術指標 2014・統計集[EB/OL]. [2021-12-13]. file:///C:/Users/ADMINI~1/AppData/Local/Temp/NISTEP-RM229-Statistics.pdf.

续 表

年度	美国	英国	法国	日本	中国
2009	52.7	55.3	67.4	51.3	53.8
2010	51.2	56.1	71.6	49.7	55.4
2011	54.3	58.2	71.3	51.5	55.0
2012	53.5	—	—	51.8	55.3

三、科学研究如何发挥培养创新型人才的作用

尽管大学中的科学研究在目的、内容、组织、范围等方面发生了很大变化,出现了“研究漂移”的现象,但是作为最高层次的教育机构,大学仍然必须以培养人才为首要任务,科学研究作为大学中的两大主要活动之一(另一主要活动为教学)仍然必须在培养人才,特别是培养创新型人才中发挥重要作用。科学研究在现代社会已经成为一项耗资巨大、参与人员众多的社会事业。例如,美国的科学研究人员总数已达 139.5 万(2005 年),日本为 82.7 万(2007 年),俄罗斯为 46.6 万(2006 年),德国为 28 万(2006 年),法国为 20.4 万(2005 年),英国为 18 万(2005 年),韩国为 20 万(2006 年),中国为 122.4 万(2006 年)。[①] 培养高水平、足够数量的研究人员是一个国家社会进步以及科学、文化、经济等各项事业发展的重要保证。毋庸赘言,现代研究人员的培养离不开大学。“大学将科研、教学和培养科学后继人才的工作结合在一起,这一点是别处没有的。科研工作是进行科学培养工作和提高科学后继人才素质的前提。”[②]

发挥科学研究在培养创新型人才中的作用,从人才成长的时序上来讲,

① 文部科学省.科学技術要覽.2008:44.

② 德国科学委员会.德国高等学校 90 年代发展展望[M]//吕达,周满生.当代外国教育改革著名文献(德国、法国卷).北京:人民教育出版社,2004:42.

首先需要将科学研究活动引入人才培养过程,使人才培养具有研究性。科学研究引入人才培养过程主要体现在教学的内容与方法上。有人将大学的教学比作农民种田。众所周知,农民的种田是年年需要耕地和施肥的,否则就难以获得好的收成。大学的教学也一样,如要提高教学的水平,尤其是培养创新型人才的教学,需要教师不断地“耕地”、“施肥”,即将通过科学研究所获得的新理论、新知识、新观点注入教学过程。在教学方法上体现科学研究的精神,就是要积极开展探究性、研究性学习。有研究者在总结美国研究型大学培养创新型人才的经验时指出:自20世纪80年代以来,美国研究型大学的探究性学习有了很大的发展,呈现出多种模式,除了“苏格拉底教学法”、“案例教学法”等传统的模式之外,还有基于问题的学习、基于课题的学习、一年级习明纳尔、高峰体验、探究性课程等。[①] 1998年,博耶研究型大学本科生教育委员会在其研究报告《重建本科生教育:美国研究型大学发展蓝图》中,提出了“建立以探索为本的新生年”的改革建议。报告建议所有一年级新生都要参加新生习明纳尔。博耶研究型大学本科生教育委员会在第一次博耶报告发表三年后进行的调查结果显示,83.5%的研究型大学开设了一年级习明纳尔。[②] 日本90年代以来的大学本科教育改革中,许多大学尤其是研究型大学也将开设一年级习明纳尔作为一项重要内容。探究性学习的实质是将研究的意识、精神以及方法引入教学过程,这是培养创新型人才的创新意识、创新精神的重要途径。

其次,发挥科学研究在培养创新型人才中的作用需要将人才培养活动引入科学研究过程,即让学生直接参与研究,在研究过程中培养创新意识,养成创新方法,提高创新能力。如前所述,关于研究的理论、创新的方法虽然可以在教学过程中传授,但是如若不亲身参与研究与创新活动,那么这些理论与方法还只能是书本的,不会转化为研究与创新的能力。研究与创新能力的形

---

① 钟秉林.中国大学改革与创新人才教育[M].北京:北京师范大学出版社,2008:59.

② 钟秉林.中国大学改革与创新人才教育[M].北京:北京师范大学出版社,2008:60.

成与发展只能是在研究与创新活动中。近些年来，一些国家特别是美国，其大学将本科生科研视为培养创新型人才的一项重要措施，实施了许多有关本科生科研的项目。例如，加州大学伯克利分校设立的本科生科研计划主要有本科生科研学徒计划、赫斯学者计划、校长本科生研究奖学金、本科生研究经验计划。麻省理工学院的本科生科研项目包括本科生研究机会计划、独立活动期计划、新生研究指导计划等。[①] 加州大学伯克利分校将本科生科研列入教学计划，学生可以通过各项科研计划或研究性课程，获得 20 以上的学分。在我国，虽然有些大学也有“创新学分”等计划安排，但本科生科研的制度尚未完全确立起来。将人才培养活动引入科学研究过程，让学生直接参与研究，这不仅需要教师的积极参与、指导，而且需要构建与完善适应学生参与研究、在研究中培养创新能力的教学制度、研究制度、评价制度与管理制度。

---

① 钟秉林.中国大学改革与创新人才教育[M].北京：北京师范大学出版社，2008：63.

第二章　科学研究

“在现代社会中，大学成为科学研究的一支重要力量，科学研究成为大学（准确地说是一部分大学）的主要工作之一，研究制度成为大学制度的一个重要组成部分，政府、社会对大学的科学研究抱有愈来愈高的期望。”①现代科学技术突飞猛进的发展使得科学理论、科学方法、科学组织等均发生了很大的变化，这些变化给大学的科学研究带来了新的挑战，提出了新的要求。大学的科学研究活动唯有不断革新，才能适应科学发展的节奏，回应社会、经济发展的需要。

第一节　现代科学研究的特点与大学研究组织的发展

现代大学的科学研究愈来愈成为一种有组织或具有较强组织性的活动。19 世纪德国大学的讲座制给学术自由、教授治校提供了有力的组织制度保

① 胡建华，王建华，王全林，等. 大学制度改革论[M]. 南京：南京师范大学出版社，2006：223.

障，德国大学科学研究活动的兴盛提升了德国的科学水平，不仅德国大学领导了世界高等教育的潮流，而且德国也成了世界科学中心。进入 20 世纪，“系”的建制在美国大学的发展与定型，克服了讲座制下大学教师组织的等级性特征，为美国大学整体水平的提升奠定了组织制度基础。随着美国大学尤其是研究型大学的学术水平领先于世界的发展，包括大学内部的组织形式在内的美国大学模式成为许多国家大学改革所学习的范本。

大学中研究组织的发展与科学发达的程度有着密切的关系。毫无疑问，现代科学无论在形式、结构还是内容上，都与 19 世纪初德国大学的讲座制成型，或是 20 世纪初美国大学的“系”建制的发展时代的科学有着不可同日而语的差别。因此，适应科学发展的大学研究组织的变化就成为一种必然。

一、现代科学研究发展的特点

现代科学研究的发展究竟具有哪些特点，学者们有过不少研究。在此，我们不妨从一些数据出发做些粗略的分析与讨论。

人们在讨论科学研究活动的性质、内容等特征时，常常以反映科学研究成果的论文作为分析对象。科研论文所包含的信息是多方面的，它不仅反映科学研究活动的进展、科学发达的水平，而且还反映科学研究活动的样式。例如，表 2-1 给出了 1981 年、1991 年、2001 年这三个年份世界各国研究者发表的 SCI 收录论文作者署名人数的统计。这一统计清楚地反映出自 1981 年到 2001 年的 20 年间论文作者署名人数的变化。变化的总体趋势是论文署名作者的人数愈来愈多。单个作者(即独著)的论文数所占比例明显下降，从 1981 年的 23.6％下降至 2001 年的 10.6％，下降了一半以上；2 人作者的论文数所占比例也是明显下降，从 1981 年的 30.3％下降到 2001 年的 19.6％；4 人以上作者的论文数的比例则是显著上升，上升最多的是 6 人以上作者的论文数的比例，由 1981 年的 5.4％上升到 2001 年的 22.6％，增加了 3 倍以上。3 人以下作者的论文数所占比例在1981年时达到76%,2001年时则降到49.7%;而4人以上作者的论文数所占比例从1981年的23.9%上升到2001年的50.4%。

表2-1 SCI收录论文作者署名人数的变化①

单篇论文作者人数	1981年		1991年		2001年	
	论文数	比例/%	论文数	比例/%	论文数	比例/%
1人	91 619	23.6	77 534	16.1	63 981	10.6
2人	117 609	30.3	121 338	25.1	117 901	19.6
3人	85 542	22.1	104 473	21.7	117 272	19.5
4人	48 655	12.5	73 968	15.3	97 174	16.1
5人	23 271	6.0	45 071	9.3	70 417	11.7
6人以上	21 071	5.4	60 124	12.5	136 036	22.6
合计	387 767	100	482 508	100	602 781	100

图2-1给出的,从1981年到2001年各国研究者所发表的论文篇均作者数的变化,则可以使我们更加直观地看到论文作者数逐渐增加这样一种现象。在1981年到2001年的20年间,各国研究者发表的论文篇均作者数(全学科)的变化呈逐年增加的趋势,从1981年的2.7人增加到2001年的4.19人,增加率为55.2%。不同学科的论文篇均作者人数有着一定的差别,2001年临床医学的论文篇均作者数达到4.94人,而人数最少的人文社会科学只有1.21人。在1981年到2001年的20年间,虽然所有学科的论文篇均作者数都在增加,但是不同学科的增加幅度也是有差别的。例如,生物学、生命科学、农学从1981年的2.68人增加到2001年的4.36人,增加率为62.7%;临床医学从1981年的3.11人增加到2001年的4.94人,增加率为58.8%;地球、环境科学从1981年的2.14人增加到2001年的3.25人,增加率为51.7%;物理学、材料科学、化学从1981年的2.74人增加到2001年的4.09人,增加率为

① 引自:日本文部科学省科学技术政策研究所的《科学技術指標——日本の科学技術の体系的分析》一书,2004年版第437页。

49.3%;工学、计算机科学从1981年的2.33人增加到2001年的3.26人,增加率为39.9%;人文社会科学从1981年的1.08人增加到2001年的1.21人,增加率为12.0%。

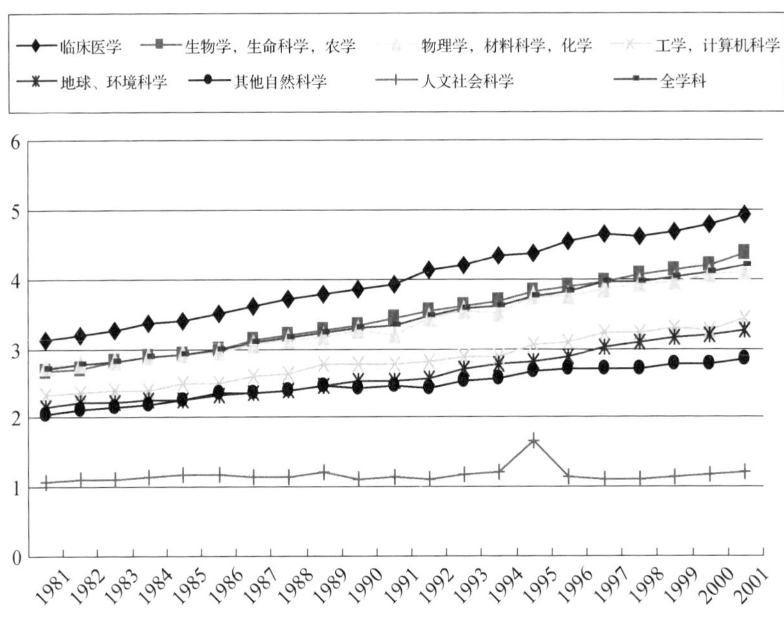

图2-1 分学科论文篇均作者数的变化①

如果我们进一步考察论文合著者的单位情况,则可以发现(如表2-2所示):(1) SCI收录论文的合著发表是一普遍现象,2001年合著发表的论文数比例已经高达89.1%;(2) 论文合著者的单位主要还是在国内,如2001年同单位与国内跨单位合著的论文数占总数的比例为70%,而国际合著的论文数比例只有18.8%;(3) 在1981年到2001年的20年间,三种不同类型合著发表的论文数比例发生了比较明显的变化。同单位合著的论文数比例呈下降趋势,从1981年的44.8%下降到2001年的32.7%,下降幅度为37.0%;国内跨单位合著与国际合著的论文数比例均呈上升趋势,前者从1981年的24.6%

① 引自:日本文部科学省科学技术政策研究所的《科学技術指標——日本の科学技術の体系的分析》一书,2004年版第437页。

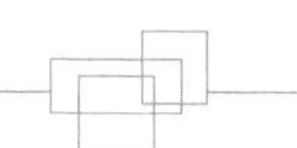

上升到 2001 年的 37.3％，上升幅度为 51.6％，后者从 1981 年的 5.3％上升到 2001 年的 18.8％。上升幅度达到 254.7％。

表 2－2　SCI 收录论文合著作者单位比例状况①

比例：％

年度	独著	合　著			
		合计	同单位合著	国内跨单位合著	国际合著
1981	23.5	76.1	44.8	24.6	5.3
1982	22.7	77.0	44.4	25.6	5.6
1983	22.3	77.3	44.0	26.1	5.9
1984	22.1	78.5	43.7	27.5	6.5
1985	20.8	78.9	43.4	27.5	6.7
1986	19.4	80.2	43.4	28.5	7.2
1987	18.5	81.2	42.9	29.5	7.8
1988	17.9	81.9	42.5	30.0	8.2
1989	16.7	83.1	42.5	30.9	8.8
1990	16.3	83.5	41.8	31.3	9.4
1991	16.0	83.7	40.3	32.1	10.4
1992	15.4	84.4	40.0	32.1	11.6
1993	14.9	84.8	39.2	32.7	12.3
1994	14.5	85.2	38.5	33.1	13.1
1995	13.6	86.1	37.8	34.0	13.9
1996	12.7	87.0	37.1	34.8	14.8
1997	12.1	87.6	36.2	35.3	15.8
1998	11.7	87.9	35.5	35.7	16.5
1999	11.4	88.3	34.5	36.2	17.4
2000	11.3	88.4	33.7	36.5	17.9
2001	10.6	89.1	32.7	37.3	18.8

① 引自：日本文部科学省科学技术政策研究所的《科学技術指標——日本の科学技術の体系的分析》一书，2004 年版第 438 页。

上述有关论文作者人数及合著情况的统计分析，实际上反映了科学研究活动的状况，即论文署名作者愈来愈多的趋势反映出科学研究活动的一种变化，有学者称这种变化是由“学院科学模式”向“后学院科学模式”的转变。

“学院科学是科学最纯粹形式的原型。”[①]“学院科学是高度个人主义的文化(individualistic culture)。”[②]在“学院科学模式”下，研究者的研究往往以个人对于科学的兴趣为出发点，研究活动也往往以个体自由自在的形式展开，研究者们组成了一个属于他们自己的学术共同体。“学院科学作为整体是一种建制。在此没有书面法规，没有法定身份，没有首席执行官，没有共同计划。本质上，它是极大地依赖于个人信任和机构信任的既定关系的一种社会秩序。尽管如此，它仍然保持着团结，作为一个‘执行机构’运转着，并朝向其成员的共同目标”[③]。

20世纪60年代之后，随着科学与社会的关系日益密切，科学的社会经济作用日益增大，各国政府愈来愈多地通过法律、经费资助等手段规划科学研究活动的展开，“在不足一代人的时间里，我们见证了在科学知识、管理和实施方式中发生的一个根本性的、不可逆转的、遍及世界的变革”[④]，所谓“后学院科学”兴起了。

“后学院科学”与“学院科学”相比，研究活动发生了许多变化，出现了一些新的特征。例如，研究活动的“集体化”。“专门研究人员之间的团队合作、网络化或其他合作模式不仅是时尚，更受到了即时全球电子通信乐趣的激

① 约翰·齐曼.真科学:它是什么,它指什么[M].曾国屏,匡辉,张成岗,译.上海:上海科技教育出版社,2008:36.

② 约翰·齐曼.真科学:它是什么,它指什么[M].曾国屏,匡辉,张成岗,译.上海:上海科技教育出版社,2008:85.

③ 约翰·齐曼.真科学:它是什么,它指什么[M].曾国屏,匡辉,张成岗,译.上海:上海科技教育出版社,2008:37.

④ 约翰·齐曼.真科学:它是什么,它指什么[M].曾国屏,匡辉,张成岗,译.上海:上海科技教育出版社,2008:80.

励。它们是知识和技术累积的社会结果。科学已经发展到一个无法依赖个体独立工作来解决突出问题的阶段。”[①]上面关于科研论文的统计数据充分支持了研究活动“集体化”这样一种特征描述。90%的科研论文是合作研究所产生的结果，由于网络通信的不断发展，合作研究更是愈来愈超出学校、地域、国界，跨单位、跨国合作研究、发表论文成为研究的一种趋势。

“超学科”或“跨学科”研究是“后学院科学”的又一个特征。“在‘常规’学院科学中，研究问题在既定的学科边界之内被表述和解决。但‘应用语境’并不是如此划界的，后学院科学正是在这种语境中发现它的问题。它们几乎总是跨学科的(transdisciplinary)。后学院科学拒收把大学比喻为一个概念大脑的隐喻，其固定模块是学术设施和院系，各自按其专业整齐分布。而这并不能阻止那些基础的或应用的问题很自然地从传统学科互动或交叠的地区冒出来。”[②]超学科或跨学科研究之所以成为当代科学研究的发展趋势，其“主要动力来自两个方面：综合性理论的产生与解决复杂的现实问题的需要，而后者是跨学科研究的灵魂和生命力之所在”[③]。

“后学院科学”还有一个特征是“官僚化”(bureaucratization)。“从个体到集体的研究模式的趋势明显伴随着更正式的组织安排。需要适当的管理体系，来协调一个大研究设施的建设，并服务于来自不同研究机构的科学家队伍”。“科学知识的生产和使用之间的良性联系，必须要有系统的组织和管理”。[④] 显而易见，“后学院科学模式”的“官僚化”，主要是指当科学研究活动由个体行为发展为集体行为，由某一学科内的行为发展为跨学科的行为，由某一机构内的行为发展为跨机构的行为之后，组织与管理便成为了必要。

---

① 约翰·齐曼. 真科学：它是什么，它指什么[M]. 曾国屏，匡辉，张成岗，译.上海：上海科技教育出版社，2008：84.

② 约翰·齐曼. 真科学：它是什么，它指什么[M]. 曾国屏，匡辉，张成岗，译.上海：上海科技教育出版社，2008：255.

③ 金吾伦. 跨学科研究引论[M].北京：中央编译出版社，1997：116.

④ 约翰·齐曼. 真科学：它是什么，它指什么[M]. 曾国屏，匡辉，张成岗，译.上海：上海科技教育出版社，2008：96.

二、大学研究组织革新

“学院科学”向“后学院科学”的转变，科学知识生产模式的变化，使得研究活动的组织形式也在做相应的变革。归纳与总结研究组织变革与发展的趋势，将有助于我们深入思考我国大学科研管理体制的改革问题。

1. 个体与团队

研究活动所具有的创造性智力特征，使得研究者个体成为研究活动中最为基础的因素，这一点即使在具有“集体化”特点的“后学院科学”时代仍然没有发生改变。但是，由于科学发展的综合化趋势，科学研究所面临的问题愈来愈趋于复杂，以及科学研究手段的技术化程度的不断提高，许多科学理论的发展、科学问题的解决已经超出了研究者个体的能力范围，团队成为组织研究活动的一种重要形式。表 2－1 统计的 SCI 收录论文数中著者 6 人以上论文数所占比例的迅速增加，可以说在一定程度上反映了研究活动的“团队化”趋向。

重视团队研究，鼓励高校组织优秀研究团队是我国政府进入 21 世纪以来资助高校科研政策的一个重要举措。2000 年，国家自然科学基金委员会设立创新研究群体科学基金，以稳定地支持基础科学的前沿研究，培养和造就具有创新能力的群体。到 2009 年，获得该科学基金资助的创新研究群体达到 225 个，其中高校有 123 个。2004 年，教育部开始推行“长江学者和创新团队发展计划”，以大力推进创新团队建设，充分发挥优秀人才的群体力量。到 2008 年，该计划已资助了 182 个创新团队。这些获得政府资助的优秀研究团队中，有不少确实促进了研究活动的开展，提升了研究水平，取得了重要的研究成果。例如，美国 *Science* 等杂志以“超导体将中国物理学家推向前沿”等为题报道了我国研究人员在新一轮铁基超导体中所开展的富有重要影响的领先性工作，并称“至少已有 4 个不同的中国科学家小组合成出了新的超导化合物”，其中 3 个研究小组均来自创新研究群体。关于铁基超导的研究成果入选 *Science* 评选的 2008 年度世界十大科学进展和 2008 年度“中国基础研究十大新闻”。[①]

当然，我们应该看到，我国高校的研究团队组织建设尚存在着许多问题。有研究者将团队建设的问题归纳为“四多四少”，即低水平的虚团队多，高水平的实团队少；“短命”团队多，“长寿”团队少；自下而上形成的团队多，自上而下形成的团队少；单学科、单部门的团队多，跨学科、跨部门的团队少。[②] 究其原因，一方面出自团队建设的目的不明。在当今的科学研究中为什么要重视团队建设，这是由科学发展的特点所决定的。换句话说，组织研究团队的出发点应是研究活动自身的需要，而非其他。但是从我国的实际情况来看，研究（创新）团队的建设却时常有着研究之外的目的。如“一些团队并非以学术问题为导向组建，而是以获取资源为主要目的，‘团队建设’成了部分高校争夺资源的工具。这些团队往往是不经系统论证而临时拼凑和包装的看似‘阵容强大’的团队，团队成员平时很少进行学术交流，只是在申报项目或应付检查时，才将各自的成果打包在一起，临时组成一个团队”[③]。另一方面的原因则与科研管理体制尤其是评价机制有着密切的关系。在一个激励过多、竞争过度、评价过头的学术环境中，“排名必须第一，第二毫无意义”的学术评价文化影响着人们的行为方式，这与团队研究所必要的“合作、共享”的价值理念格格不入。因此，如何使团队这样一种组织方式在我国高校的科学研究活动中真正发挥作用，以提高我国高校的整体科学水平，需要我们从观念上、制度上、组织上实施一些扎扎实实的变革。

2. 单一与复合

在现代大学的学术组织构造中，一般情况下，系或者讲座仍然是最为基

① 白春礼. 十年灌注 硕果满园——写在创新研究群体科学基金设立 10 周年之际[N].科技日报，2010-08-28.

② 刘念才，赵文华. 面向创新型国家的高校科技创新能力建设研究[M]. 北京：中国人民大学出版社，2006：148-149.

③ 何铮，蔡兵，顾新. 高校创新团队建设的现状分析与对策[J]. 科技管理研究，2008(4)：87-89.

础的单元,而系与讲座设置的依据基本上是学科的分类。这种从大学近代化以来就形成的,按照学科分类以系或讲座为基本学术研究单位的组织形式,所具有的基本特征是"单一性",即所谓单一的学科、单一的部门。在跨学科研究兴起之初,研究的展开实际上还只是在研究者个体之间,基本上是一种没有组织参与的自发行为。当跨学科研究成为一种潮流,许多重大的科学与实践问题没有多学科人员参与就无法解决的时候,如何组织跨学科研究,如何使跨学科研究制度化,成立跨学科的研究机构这样一些课题就摆在了大学管理者与研究者的面前。跨学科研究机构的出现使得大学的学术组织增加了"复合"的色彩。

成立跨学科的研究机构,在高等教育发达国家的大学尤其是研究型大学受到广泛重视。例如,美国加州大学自 20 世纪 70 年代起就在州政府的支持下,开始设立跨学科研究机构有组织的研究单位(Organized Research Unit,简称 ORU)的工作。现在,加州大学的每个分校都有数十个 ORU,如伯克利分校的 ORU 就达到 36 个。ORU 在加州大学的科学研究中发挥了重要作用。据统计,伯克利分校的 ORU 在 1996 年至 2000 年间,每年获得的研究经费都在 1 亿美元以上,在全校研究经费中占比达到 30%～52%。洛杉矶分校 1986 年成立的中国研究中心就是 ORU 之一。该中心成员包括洛杉矶分校 10 个系和 3 个学院的 28 位教授及 150 多名研究生,中心负责管理和组织实施有关中国的研究项目,为组织合作研究和相关会议提供资助,并依靠自身良好的学术声誉,争取校外基金。中心组织的系列研讨会汇集了世界范围内多学科领域的有关中国问题的前沿研究成果。ORU 以研究课题为中心,吸引不同院系、不同学科的教授就某一课题开展研究,充分发挥了综合性大学多学科的优势。①

又如,德国柏林工业大学为了促进学科整合与前沿科学的发展,在德国大

① 吴锜.加州大学跨学科研究机构及对我们的启示[J].研究与发展管理,2001(5):67－71.

学传统的学术组织结构的基础上，成立了包括跨系研究中心（Interdepartmental Research Centers）、跨学科研究组（Interdisciplinary Research Group）、独立研究所（An-Institutes）、跨学科研究协会（Interdisciplinary Research Association）等在内的多种跨学科研究机构。这些跨学科研究机构不仅推动了适应解决复杂科学与社会实践问题需要的跨学科研究活动的开展，而且还在培养复合型人才方面发挥了重要作用。①

我国大学尤其是研究型大学近年来也致力于成立跨学科研究机构，以利于跨学科研究的展开，如北京大学成立了“生物医学跨学科研究中心”“纳米科学技术研究中心”等。在成立跨学科研究机构这样的科研组织改革过程中，有些问题还是值得关注和解决的。如，如何处理传统的学科学术组织与跨学科研究机构之间的关系，如何建立与形成有利于跨学科研究机构发挥作用的人事、学术评价等各项制度与学术环境等。

3. 固定与流动

作为一名大学教师或研究人员，进入大学之后总要加入到一个基层学术组织中，成为该学术组织的成员。一所大学所拥有的学院、系或讲座之类的学术组织也是相对稳定的。这种相对固定的人事隶属关系、相对稳定的学术组织结构，既是大学得以正常运转的基础，也是科学研究活动可以顺利进行的基本保证。我们面临的社会变化愈来愈迅速，社会也随之日益强烈地要求大学能够应对社会的变化，为解决各领域不断出现的新问题提供理论与技术方法时，就需要大学对稳定的学术组织结构做出一些灵活性的调整，增强人员的流动性，以利于跨部门、跨学科研究的顺利进行。因此，如何提高研究组织的开放性、增强研究人员的流动性成为国外一些研究型大学科研组织的新的发展动向。

日本名古屋大学工学部在近年来的大学改革中，尝试建立了“流动型研

① 张炜. 德国柏林工业大学的跨学科学术组织[J]. 比较教育研究，2003(9)：59－61.

究生教育体制”与“流动型研究组织”。所谓“流动型研究生教育体制”，其主要内容是：工学部下设两大研究生专业群，一种为学科专业群（如化学·生物工学专业，电子信息系统专业，机械理工学专业，航空宇宙工学专业，社会基础工学专业，城市环境学专业等），另一种为复合专业群（能源理工学专业，量子工学专业，计算理工学专业，结晶材料工学专业，物质控制工学专业等），并在两大专业群之间设立了“跨群讲座”（复合专业群教师在学科专业群设立的讲座）。名古屋大学工学部对于建立“流动型研究生教育体制”的意义做了如下的阐述。“通过设立‘学科专业群’、‘复合专业群’以及‘跨群讲座’，不仅可以使传统的学科领域得到持续发展，不断为那些受到传统学科支撑的产业部门输送新鲜血液（人才），而且也将为那些在传统学科基础上发展起来的复合学科以及适应社会需要的尚处在萌芽状态的学科的开拓与发展培养研究与技术人才。‘跨群讲座’的设立在使‘学科专业群’的各专业内容更加充实与加强的同时，还将促进教师与学生在两大专业群之间的流动，使研究更具活力。这种具有多样化、灵活性的教育·研究体制的建立，必将更加有力地推进既高度专门化、又富有综合力的人才的培养。”①

现代大学的研究生教育是与研究紧密结合在一起的。因此，名古屋大学工学部在建立“流动型研究生教育体制”的同时，还设立了“流动型研究组织”。根据研究项目和研究经费，设立流动研究组，流动研究组具有自发成长的机能。一个新成立的研究组开始处在卫星（周边）的位置，成长壮大之后可以成为核心研究组，核心研究组继续发展就逐渐成为研究中心。工学部的这一类研究中心包括理工科学综合研究中心、高温能量变换研究中心、尖端技术共同研究中心等。②

让大学内的教师、研究人员为了研究的需要流动起来，这是国内外许多大学在推动科学研究，尤其是跨学科研究时所采取的重要措施之一。如有些学校设立

① 名古屋大学工学部．流動型大学院システム[EB/OL]．[2010-10-22]．http://www.engg.nagoya-u.ac.jp/graduate.

② 张炜，邹晓东．现代大学跨学科学术组织新型模式研究——名古屋大学的流动型教育和研究系统（编译）[J]．比较教育研究，2003(6)：20-24.

"高等研究院"之类的机构,为有研究经费资助的教师提供一个跨学科组合的平台。流动不是目的,只是一种手段,为的是促进跨学科研究真正开展起来。

4. 实体与虚拟

虚拟性是网络时代的一个重要特征。这一特征在大学的研究组织形式上也有所反映。众所周知,大学的学术研究组织如系、讲座、研究所等从来都是实体性的。所谓实体性,主要指组织有稳定的成员、结构、规则,一般来讲成员在同一大学内,并形成一定的组织文化。而虚拟的研究组织是"多个独立企业、大学、研究所的研发资源围绕特定目标、利用计算机网络和通讯工具,以关系契约为基础连接起来而构成的一个动态研发网络组织,从而打破时间、地域或组织边界的限制,实现设备、人才等资源的互利共享"①。

虚拟研究组织成为国外一些研究型大学发展跨学科研究的一种新的形式。例如,美国麻省理工学院 2003 年设立的计算机系统生物学创新工程(CSBI)就是这样一个虚拟研究组织。麻省理工学院设立 CSBI 的目标是加强与计算机系统生物学相关的学术组织之间的合作,通过生物学、计算机科学和工学、管理学的相互交叉、渗透和融合,借助高新技术平台开展大型跨学科项目研究。参与 CSBI 的有 300 多人,但是只有 21 人主持日常工作,其余都是通过全球公开招聘的专兼职研究人员。CSBI 的虚拟性主要表现在:第一,没有自己的专门研究队伍、试验设备和工作场所;第二,各个学术组织研发资源之间的联络主要借助于信息技术;第三,它是一个围绕特定目标、基于成员共同兴趣连接起来的一个组织边界模糊的动态联合体。②

又如,由美国普渡大学、加州大学伯克利分校、西北大学、伊利诺伊大学、诺福克州立大学、德克萨斯大学等 6 所大学联合支撑的纳米中心(nanoHUB)

---

① 郑忠伟,李文,孔寒冰. 虚拟科研组织:理工科大学的一种选择[J]. 高等工程教育研究,2010(2):15-21.

② 刘念才,赵文华. 面向创新型国家的高校科技创新能力建设研究[M].北京:中国人民大学出版社,2006:124-125.

是一个更大规模的虚拟研究组织。纳米中心最初只为研究者提供与纳米研究相关的在线模拟工具。现今已发展到研究、教育与合作三个领域，除了在线模拟工具外，可提供更多的资源（动画、教程、讲演等），满足人们对纳米科学技术教育与合作的需求。纳米中心已成为向研究者、教师和学生等用户提供纳米科学与技术相关资源的一站式门户网站。纳米中心是以网站为纽带联系起来的一个无边界的网络组织，其核心成员是上述的6所大学。纳米中心带来了革命性的共享、资源使用与合作的手段，汇聚了昂贵的设备仪器、丰富的纳米相关知识及众多的科学家、教育专家，成为纳米领域教学、研究与合作之最完善的虚拟科研组织。①

虚拟研究组织的出现与发展，毫无疑问为科学研究在更大范围内的合作提供了更多的可能性。而虚拟研究组织的形成以及发挥的作用，不仅需要硬件的支撑，如良好的网络平台，更需要软环境的改善，如政府的政策支持、研究理念的更新等。

第二节　资源配置非均衡与大学科研管理改革

现代科学的发展已经进入了"大科学"时代。提出"大科学"概念的美国学者普赖斯认为："由于当今的科学大大超过了以往的水平，我们显然已经进入了一个新时代……现代科学的大规模性，面貌一新且强而有力，使人们以'大科学'一词来美誉之。"②所谓"大科学是相对小科学而言，指的是科研难度大，需要复杂的实验仪器设备和大量科技人员参加、投入大量科研经费的大

① 郑忠伟，李文，孔寒冰．虚拟科研组织：理工科大学的一种选择[J]．高等工程教育研究，2010(2)：15－21．

② 转引自孙华．论大科学时代的大学科研图景[J]．高教探索．2010(1)：19－23．

规模科技研究活动”①。毫无疑问,作为现代科学研究重要组成部分的大学研究同样具有“大科学”的特征。如果说在那种以增长人类知识为主要目的、以个人的自由研究为主要特征的“小科学”时代,大学的研究活动也许不需要什么管理与组织的话,那么在“大科学”时代,拥有巨额经费、庞大机构、多元目标的研究活动,如果没有管理与组织,恐怕无法得以顺畅地实施,以达到预定的目标。因此,在现代大学的科学研究活动中,管理是保障科研活动正常进行所必不可少的。

现代大学的科研管理,从本质上讲就是对影响科学研究活动的基本要素——人、财、物的协调过程。通过管理,创设一种大学教师能够充分发挥创造力、研究活动得以自由展开的环境氛围。在现代大学的科研管理中,资源如何配置是大学中开展研究活动最为基本的问题。国外有学者在研究了若干发达国家大学科研资源的配置之后,归纳出资源配置的三种主要类型,即“政府控制型”“大学(学者)控制型”和“市场型”(见表 2-3)。

表 2-3 三种资源配置类型②

	资源配置类型		
	政府控制型	大学(学者)控制型	市场型
资源以及配置方法	政府决定资源配置,按照一定的规则自上而下配置资源	大学拥有自己的财源(如土地、基金等)	大学通过交易教育、研究、服务活动等获得资源
权力所在	政治领导与官僚	大学自身(教授组织)	广大消费者
利益调整方法	政治过程,官僚的调整	专家的调整或学者自治	市场机制
长处	依照既定的顺序,政策可以得到及时的实施;能够确保必需的资源以保证高等教育的质量	保障学术自由,根据教师的要求利用资源	可以对经济社会的变化做出迅速反应

① 孙华. 论大科学时代的大学科研图景[J]. 高教探索,2010(1):19-23.

② 山崎博敏. 大学の学問研究の社会学[M].东京:东洋馆出版社,1995:57.

续 表

	资源配置类型		
	政府控制型	大学(学者)控制型	市场型
短处	处于金字塔等级底层的人的自由受到束缚，效率不高，手续复杂，容易产生漏洞	教师的利益与社会、学生的利益不一定能完全一致	基础研究投入不足，大学之间的竞争激化，教育质量保障发生困难，大学内的不平等激化

这三种资源配置的类型各有长处，也都存在着一定的问题。在某一具体国家的大学科研资源配置中，往往几种类型同时存在并发挥着作用。如美国，以"市场型"为主，"政府控制型""大学(学者)控制型"为辅；而在欧洲与日本，则是"政府控制型"为主，"市场型""大学(学者)控制型"为辅。不难看出，采取何种资源配置的类型与一个国家的大学管理体制有着密不可分的关系。如果我们进一步分析科研资源的具体配置样态，可以看到两种基本情况：一种是科研资源在大学组织间的配置；另一种是科研资源在大学教师个人间的配置。本文将以这两种配置方式为基础，探讨大学资源配置的非均衡问题。

一、大学组织间科研资源配置的非均衡

科研资源在大学中的配置首先是在组织层面，尤其是在"政府控制型"与"大学(学者)控制型"的状况下。例如，"政府控制型"的资源配置，是指政府按照一定的规则将研究资源分配给各大学。日本国立大学的一般研究教育经费就是政府以大学中的讲座为单位，根据讲座的学科性质预算下拨的。这种研究经费在大学组织间的配置所具有的性质是非竞争性的，即政府事先确定了每一组织单位的经费数额，然后按年度根据每所大学的组织数下拨研究经费。

20 世纪 90 年代以来，随着高等教育的不断扩张所带来的经费紧张，以及

效率问题日益受到人们的关注，大学组织间的科研资源配置发生了许多变化，其中最主要的是竞争机制引入资源配置过程，竞争性成为组织间科研资源配置的主要特征之一。何谓竞争性的组织间科研资源配置？这主要指政府以公开招标的方式在大学中设立新的重点研究机构或支持重点研究项目，对获得批准的研究机构或项目给予专项经费资助。日本的“21 世纪 COE 计划”就是这一竞争性组织间资源配置的一个实例。

2002 年，日本政府启动了“重点支持建立具有世界水平的教育、研究基地——21 世纪 COE 计划”。该计划的目的非常明确，就是“重点支持在大学的各学术领域内形成具有世界最高水平的教育、研究基地，以提高研究水平，培养处于世界领先地位的创造性人才，推进具有国际竞争力、凸显个性色彩的大学的建设”①。

“21 世纪 COE 计划”的具体内容主要是以学科为单位在大学中设立高水平研究基地(COE)，所有具有博士学位授予权的学科和大学附属研究所等研究机构都可以申请。2002 年、2003 年、2004 年 3 年申请总数为 1 395 个，批准立项的 COE 共 274 个(分属 92 所大学)，批准立项数占申请总数的 19.6%。国立大学批准立项的 COE 有 204 个(分属 50 所大学)，占总数的 74.5%；公立大学批准立项的 COE 有 10 个(分属 7 所大学)，占总数的 3.6%；私立大学批准立项的 COE 有 60 个(分属 35 所大学)，占总数的 21.9%。虽然日本的私立大学占大学总数的 3/4 以上，但是立项的 COE 却不足总数的 1/4，国立大学在日本学术研究中的优越地位是不言而喻的。此外在国立大学中，处在上位的几所大学的 COE 数量远远超过了其他大学。COE 数量最多的大学为东京大学，有 28 个，其次的京都大学有 23 个，这两所大学加上其他 5 所(北海道大学、东北大学、名古屋大学、大阪大学、九州大学)，即所谓的“旧 7 帝大”获得的

① 文部科学省、独立行政法人日本学术振兴会. 21 世紀 COEプログラムの概要[EB/OL]. [2014－03－02]. http://www.jsps.go.jp/j-21coe/06_gaiyou/data/gaiyo2008-09.pdf.

COE 达到 113 个，占总数的 41.2%。[①]

对于立项的 COE 日本政府拨出专项经费予以资助。如 2002 年与 2003 年立项的 246 个 COE 两年共获得政府投资 475.02 亿日元。其中国立大学的 COE 经费为 369.09 亿日元，占总数的 77.7%；公立大学的 COE 经费为 14.01 亿日元，占总数的 2.9%；私立大学的 COE 经费为 91.92 亿日元，占总数的 19.4%。东京大学与京都大学获得的 COE 经费分别为 55.18 亿日元、52.06 亿日元，名列第一、第二。这两所大学加上上述 5 所国立大学获得的 COE 经费达 223.08 亿日元，占总数的 47.0%。[②]

日本的“21 世纪 COE 计划”这一竞争性组织间资源配置的特点如下。

第一，公平的竞争。申请 COE 的资格是大学中具有博士学位授予权的学科，即只要具有博士学位授予权，就可以申请 COE。因此 3 年申请 COE 的总数达到了 1 395 所。获得 COE 立项的大学有 92 所，占日本拥有博士学位授予权 395 所大学（2004 年）[③]的约 1/4。虽然在日本的高等教育体系中，东京大学等少数研究型大学的研究水平与能力远远高于其他大学[④]（上述东京大学等 7 所国立大学所获得的 COE 占 COE 总数的比例证明了这一点），但是日本政府并没有将 COE 的建设局限于这些大学，而是给其他符合申请条件的大学提供了一个公平的竞争机会（当然这种公平是相对的），实际上也就是给其他符合条件的大学提供了一个发展的机会。

第二，公开的竞争。COE 的申请、立项、经费资助、检查结果都如实地公

① 文部科学省、独立行政法人日本学术振兴会. 21 世紀 COEプログラムの概要[EB/OL]. [2014-03-02]. http://www.jsps.go.jp/j-21coe/06_gaiyou/data/gaiyo2008-09.pdf.

② 平成 14 年度 21 世紀 COEプログラム交付決定状況一覧[EB/OL]. [2014-03-02].「21 世紀 COEプログラム」平成 15 年度補助金交付決定状況一覧（平成 14 年度採択拠点）[EB/OL]. [2014-03-02].「21 世紀 COEプログラム」平成 15 年度補助金交付決定状況一覧（平成 15 年度採択拠点）[EB/OL]. [2014-03-02]. https://www.mext.go.jp/a_menu/koutou/coe/main6_a3.htm.

③ 文部科学省：文部科学統計要覧[M]. 2005：81.

④ 关于日本大学的分类状况，请参看胡建华著《战后日本大学史》（南京大学出版社，2001 年）第 210-218 页。

之于众。这样，立项建设的 COE 不仅要接受专门委员会的检查，而且实际上也在接受同行、社会舆论的监督。同时，整个 COE 计划的实施也处在大学界、公众的监督之下。

第三，有制度保障的竞争。合理的制度是竞争有序、公平的基本保障。COE 计划实施之前，其制度已经确立。制度的内容主要包括程序、规则、评审的组织机构、评审委员会的人员构成等，且这些内容均公之于众。[①]

有重点地在大学中设置研究机构或项目并给予经费支持，这也是我国政府推进大学开展科学研究的主要措施之一。不过我国政府在支持大学设置重点研究机构或项目方面有两种基本的方式，一种为竞争型的，另一种为指令型的。

“普通高等学校人文社会科学重点研究基地”项目的实施是竞争型支持方式的一个典型案例。这一项目经过 10 余年的发展，现在全国高校已经设置了高校人文社会科学重点研究基地 135 个。在 135 个重点研究基地中，部委属高校 119 个，省属高校 16 个。该项目的竞争性明文规定在《普通高等学校人文社会科学重点研究基地管理办法》中，即“重点研究基地由教育部和高校及主管部门共建、以高校自建为主。切实贯彻‘竞争入选、定期评估、不合格淘汰、达标替补’的动态管理要求”。部委属高校的重点研究基地数占总数 88%，反映了部委属高校研究水平高于省属高校这一基本状况，而省属高校也设重点研究基地，则说明了该项目的实施体现了公平竞争的基本原则。

比起重点研究机构或项目的竞争型支持方式，在我国，指令型支持方式仍居主导地位。其中最为突出的例子就是“985 工程”。众所周知，“985 工程”是我国政府为建设若干所世界一流大学和一批国际知名的高水平研究型大学而实施的建设工程，1998 年开始实施，现在进入“985 工程”的高校有 39 所。2006 年，教育部又开始试点“985 工程优势学科创新平台项目”，获得“优

① 胡建华，王建华，王全林，等. 大学制度改革论[M].南京：南京师范大学出版社，2006：259.

势平台项目"的高校有25所。国家的基本目标是:"'985工程'是以建设科技创新平台和哲学社会科学创新基地为重点,通过机制体制创新、队伍建设、平台和基地建设、基础条件建设、国际交流与合作等建设,提高学校的科技创新能力和国际竞争力,建设世界一流大学和一批国际知名的高水平研究型大学。'优势学科创新平台项目'则是以国家和行业发展急需的重点领域和重大需求为导向,围绕国家科技发展战略和学科前沿,加大学科结构调整力度,促进学科交叉,大力提高建设学科的科技创新能力和解决制约经济社会发展的重大瓶颈问题的能力。"

"985工程"在实施过程中,从制度上说体现出这样一些特点。首先,进入"985工程"的高校的确定不是自下而上、经过申请—评审—审批这样的过程,而是由政府部门自上而下确定的。也就是说"985工程"高校的确定采用的是指令型支持方式。其次,虽然"985工程优势学科创新平台项目"的确定经过了高校申请—评审—审批这样一个过程,但是政府按照行政归属而不是学术标准设定了申请资格条件,所有进入"985工程"和获得"985工程优势学科创新平台项目"的高校均是部委属高校。最后,"985工程"的实施从总体上讲没有摆脱计划经济时代政府管理高校的模式。这种模式的基本特征是政府在学术领域中的决定权过大,政府的决策过程不公开、不透明、缺乏公正性。

从上面所举的中国与日本的实例中可以看出,或许大学组织间科研资源配置的非均衡是普遍存在的,只是引起这种非均衡的原因有所不同。归纳起来,主要有两种。一是由不同发展历史所形成的大学组织在科研实力与水平上的差异。日本的"21世纪COE计划"尽管在申请的条件上没有任何指向性、特定性,所有具备资格的大学都可以申请,但是从结果上来看,顶尖的7所国立大学在申请的项目数和获得的经费数上均占到了总数的40%以上,而其余获得项目的85所大学的项目数和经费数都不足总数的60%。这顶尖的7所大学办学历史悠久,经过长期的政府支持和自身发展,形成了扎实的研究基础和雄厚的研究实力,不少学科在日本居于领先地位,凭借如此的竞争优势在“21 世纪 COE 计划”中取得佳绩是意料之中的事。二是政府的指令性优惠政策，如我国从 20 世纪 50 年代中期开始的重点大学政策和“985 工程”。可以这么认为，我国大学间科研资源配置的非均衡虽然也有各大学自身历史发展的因素，但是长期以来政府的带有计划经济色彩的非均衡乃至不公平政策或许起到了决定性的作用。客观地看，大学组织间科研资源配置非均衡的存在有着某种必然性，而且还可能持续很长一段时间，问题在于如何减少非均衡状态下的不公平现象，政府的政策应该是有利于建立起一个基于公平、公开、公正原则的科研资源配置体制。

二、大学教师个人间科研资源配置的非均衡

所谓大学教师个人间的科研资源配置，主要是指竞争性的科研经费在大学教师之间的配置状况。现代科研需要经费支持，这是不言自明的事实。国家的发展、经济的成长、社会的进步都离不开科学研究，因此，政府、社会、企业都为科学研究的进行投入了大量的资金。政府对大学科学研究的资助方式除了上面所讨论的以研究组织机构为资助对象之外，更大范围的是以大学教师个体为资助对象，这是由研究活动的性质所决定的。从大学教师尤其是从事自然科学研究的教师的角度来说，如果没有经费，研究活动则寸步难行。大学教师获得科研经费的主要渠道是政府的项目资助。所以，无论对于政府还是大学教师来说，政府的科研资助经费如何配置，不仅关系大学教师个人研究活动的展开，更关系国家科学事业的发展与兴盛。

各国政府资助大学教师开展科学研究的制度安排虽然各不相同，如有的国家将政府资助大学教师科研的经费分散在若干政府机构，有的国家则将科研资助经费集中在某一个部门，但是各国资助大学教师科学研究的做法有许多相通之处。下面我们就以日本为例，探讨大学教师个人间科研资源配置的一些特点。

日本政府资助大学教师科研经费的工作主要由日本学术振兴会承担。日本学术振兴会理事长小野元之就该机构的作用、任务做了如下的阐述："日本学术振兴会以2003年10月的独立行政法人化为新的起点，作为担负我国学术振兴重任的核心机构，本着尊重研究者的自主性与创造性之原则，实施科学研究经费资助、研究人才培养以及国际学术交流等项研究资助工作。"① 以课题的方式资助大学教师开展科学研究是学术振兴会的主要任务之一。学术振兴会对科学研究的资助是全领域的，包括人文、社会、自然等各个学科。根据学术振兴会的统计，2010年课题申请数为89 207个，批准的立项数为19 604项，立项率为22%，当年支出立项课题总经费为588.2亿日元，平均每项课题经费为300万日元，单项课题最高资助额为1.6亿日元；加上往年立项的课题，2010年支出的课题总经费为1 462.5亿日元。② 表2－4与表2－5给出了2010年日本学术振兴会资助科研课题的具体数据状况。

表2－4　日本学术振兴会2010年资助的科研课题分领域统计③

领　域	课题数		经费数	
	数量/个	比例/%	亿日元	比例/%
人文科学	4 532	8.1	72.5	5.0
社会科学	7 215	12.9	112.2	7.7
数学、物理科学	2 553	4.6	69.6	4.8
环境、能源科学	1 671	3.0	60.7	4.2
地球、宇宙科学	1 753	3.1	90.3	6.2
物质、材料科学	4 672	8.4	185.0	12.7
信息、电气电子工学	3 398	6.1	99.6	6.8

① 日本学术振兴会. 日本学術振興会について[EB/OL]. [2014－03－10].http://www.jsps.go.jp/aboutus/index.html.

② 日本学术振兴会. 科研費データ[EB/OL]. [2014－03－10]. http://www.jsps.go.jp/j-grantsinaid/index.html.

③ 日本学术振兴会. 科研費データ[EB/OL]. [2014－03－10]. http://www.jsps.go.jp/j-grantsinaid/index.html.

续　表

领　域	课题数		经费数	
	数量/个	比例/%	亿日元	比例/%
结构、机能工学	3 541	6.3	90.4	6.2
癌、艾滋等疑难疾病	3 975	7.1	88.9	6.1
成人病、传染病等	10 117	18.1	204.3	14.0
牙齿疾病	2 183	3.9	35.7	2.4
脑、神经科学	1 825	3.3	54.9	3.8
药学	1 154	2.1	27.3	1.9
生物科学	5 826	10.4	239.3	16.4
其他	1 391	2.5	31.7	2.2
合　计	55 806	100	1 462.5	100

表 2-5　日本学术振兴会 2010 年资助的科研课题分机构统计①

机　构	教　师		立项课题		课题经费	
	数量/人	比例/%	数量/个	比例/%	数量/亿日元	比例/%
国立大学	61 246	32.8	32 390	57.9	988.1	67.6
公立大学	12 402	6.6	4 031	7.2	71.1	4.9
私立大学	98 391	52.7	13 360	23.9	222.2	15.2
短期大学、高等专门学校	14 528	7.8	820	1.5	9.1	0.6
大学共用机构			823	1.5	44.5	3.0
国、公立考试研究机构			682	1.2	12.0	0.8
特殊法人、独立行政法人			3 249	5.8	99.5	6.8
一般社团法人、财团法人			475	0.9	12.9	0.9
企业等的研究所			76	0.1	3.1	0.2
合　计			55 806	100	1 462.5	100

日本学术振兴会所开展的科研课题立项资助工作具有以下几个特点。

① 日本学术振兴会. 科研費データ[EB/OL]. [2014-03-10]. http://www.jsps.go.jp/j-grantsinaid/index.html.

第一，学术振兴会所开展的包括科研课题立项等工作，以及学术振兴会的设置、组织、管理等被以立法的形式加以制度化。2002 年 12 月，《独立行政法人日本学术振兴会法》公布，该法律就学术振兴会的组织构成、作用任务等做出了明确的规定，这样就将包括科研课题立项在内的学术振兴会各项工作的实施制度化在法律框架内。

第二，课题评审建立在公开、公正的原则之上。学术振兴会为开展课题评审工作成立了分领域的科学研究费委员会，由大约 6 000 名专家组成。该委员会制订了严格的评审工作规程，如有关评审专家的条件，工作规程规定："(1) 理解科学研究资助经费制度，精通相关学术领域，具有公正评审的能力；(2) 担任大学教授或副教授职务；(3) 考虑到评审专家的年龄构成，积极聘任年轻的研究人员；(4) 聘任一定数量的女性专家。"①

第三，从课题立项的实际状况来看，虽然在评审面前人人平等，但是大学间的非均衡是存在的。这种非均衡首先表现在国立大学与私立大学之间，表 2 - 5 的统计清楚地表明，国立大学的教师数量虽然只占大学教师总数的32.8%，但是立项课题数与课题经费数分别占到总数的 57.9%和 67.6%；而私立大学的教师数虽然过半，达到总数的 52.7%，但是私立大学的立项课题数和课题经费数都不足四分之一，分别是 23.9%和 15.2%。从教师数与课题数的比例上看，国立大学教师 61 246 人拥有 32 390 个课题，课题拥有率为52.9%；而私立大学教师98 391 人拥有 13 360 个课题，课题拥有率只有13.6%。不仅如此，在 2010 年获得立项课题最多的 30 所大学与研究机构中，私立大学仅有庆应义塾大学、早稻田大学、日本大学榜上有名，分别排在第 8、第 16、第 25 位；而国立大学达到 24 所，且东京大学、京都大学、大阪大学、东北大学、九州大学、名古屋大学、北海道大学依次排列 1—7 位。② 其次，非均衡还表现在短期大学、高等专门学校教师获得科研

---

① 日本学术振兴会. 審査について[EB/OL]. [2014 - 03 - 10]. http://www.jsps.go.jp/j-grantsinaid/index.html.

② 日本学术振兴会. 科研費データ[EB/OL]. [2014 - 03 - 10]. http://www.jsps.go.jp/j-grantsinaid/index.html.

立项的比例也是很低的。短期大学、高等专门学校的教师数虽然占总数的7.8%，但是立项课题数与课题经费数分别只有1.5%和0.6%。短期大学、高等专门学校教师的课题拥有率仅为5.6%。上述非均衡并非课题评审的不公平，而是长期形成的高校科研格局所造成的，充分反映出日本高校科学研究力量的分布状况，即国立大学是高校科研的主力所在。

我国政府每年通过国家自然科学基金、社会科学基金等项目给大学教师提供巨额的科研经费，绝大多数的大学教师正是靠申请政府的科研课题来开展研究工作。例如，据国家自然科学基金委员会统计，国家自然科学基金2010年面上项目的课题申请数为65 136个，立项课题为13 030个，资助经费为45.2亿元；青年科学基金的申请课题数为36 280个，立项课题为8 350个，资助经费为16.5亿元；重点项目的课题申请数为2 120个，立项课题为436个，资助经费为9.6亿元；国家杰出青年基金项目的申请数为1 908个，立项为198个，资助经费为3.9亿元；这四项合计的立项数为22 014个，资助经费为75亿元。获得面上项目课题资助经费为500万元以上的单位有196个，其中高校有150所，在资助经费最多的前50所高校中，只有7所是省属高校。①

以国家自然科学基金、社会科学基金为主的政府的科研资助如此重要，因此学术界乃至社会上有关这些基金项目申报、评审的话题不绝于耳。话题的核心是如何保证课题申报、评审过程的公平、合理与公正。如，有学者认为："选准同行专家和依靠同行专家是搞好基金评审的一个最重要前提和基础，只有这样才能保证做到'公平、合理和公正'。因此，一方面必须选择学术水平高的同行专家，如完成项目获得'特优'和'优等'的负责人和重要成员以及由各专业学会专业委员会推荐的符合条件的专家；另一方面还要专家品德高，具有长远眼光，最好具有'伯乐'精神，以发现科研的千里马。避免误择非同行专家参与评审工作。……此外，一个专家不宜审查过多项目，建议每

① 国家自然科学基金委员会. 2010年度国家自然科学基金资助项目统计资料[EB/OL]. [2014-03-11]. http://www.nsfc.gov.cn/nsfc/cen/xmtj/index.html.

人审查不超过10～15项。不要搞‘能者多劳’，必须给专家足够的时间进行评审，否则，必然要影响评审质量。同时，也必须严格执行回避制度，凡申请者提出的‘回避专家’要求和基金委回避制度规定的内容，应该得到尊重。”①

毋庸讳言，当下教师个人间科研资源配置也是非均衡的，但是非均衡并不必然导致不公平，关键是要建立公平竞争的资源配置体制。如何建立起教师个人间科研资源公正、公平配置的机制，是我国高校科研管理体制改革所面临的重要课题之一，应该在理念、制度等方面做进一步的努力。首先，必须将公正、公平的理念贯彻到高校教师个人间科研资源配置的全过程中。其次，仅仅依靠理念是不够的，还必须有一个保证公平竞争、公正评审的制度。如评审专家的确定、盲审、回避、申诉等，从制度上杜绝不公平、不公正现象的出现。我国现有的诸多基金项目有些已经有了较好的制度，有些还不够完善。应该将完善的制度公开化，使教师个人间的科研资源配置过程置于公众的监督之下。最后，在教师个人间科研资源的配置过程中应进一步削弱行政权力的作用，使这样一种学术事务完全回归学术界。

第三节　“产学结合”与高校科研协同创新

继“211工程”“985工程”之后，2011年教育部又推出了新的高等教育重点发展项目，即“高等学校创新能力提升计划”（简称“2011计划”）。“2011计划”与“211工程”“985工程”相比，有一些不同之处。譬如，“211工程”“985工程”都是以高校为建设单位的，只有先成为“211高校”“985高校”，才能获得“211工程”“985工程”的专项建设经费；“2011计划”则不设门槛，各类高校

① 方锦清. 对国家自然科学基金评审中若干问题的探讨与建议[J]. 科技导报，2009(18)：1.

只要具备条件都可以申报。不过,“2011 计划”的最大特点也许是它的“协同创新”要求与设计,即大力推进学校和学校、学校和科研院所、学校和行业企业以及学校和区域发展、和国际合作的深度融合。探索建立面向科学前沿、行业产业、区域发展以及文化传承创新的重大需求的四类协同创新模式,建成一批 2011 协同创新中心,逐步成为具有国际重大影响的学术高地、行业产业共性技术的研发基地、区域创新发展的引领阵地和文化传承创新的主力阵营。①

协同创新成为“2011 计划”的核心概念,反映了当代科学研究发展的基本趋势。协同创新的“协同”可以有多个层面、多种形式、跨学科、跨部门乃至跨国界。这其中,高校与产业部门的协同,所谓“产学结合”显得尤为突出。高校与产业部门原本是两种具有不同性质、不同目标、不同运行方式的组织,现代科学技术以及经济的发展促使这两种组织相互接近,它们的结合又反过来为科学技术及经济的发展带来了新的活力。日本自 20 世纪 80 年代末、90 年代初“泡沫经济”破灭之后,如何振兴经济一直是政府及社会各界面临的主要课题,为此而展开了多方面的改革与尝试,其中“产学结合”被看作科技创新、高校自身发展以及高校为社会经济成长做贡献的重要途径之一。

一、产学结合的发展

在日本,广义的“产学结合”的历史虽然可以追溯得比较久远,但是产学结合作为政府的重要政策广泛开展于各高校,还是 20 世纪 90 年代以后的事情。1998 年通过的《促进大学等向民间转移有关技术的研究成果之法律》被认为对日本高校产学结合的发展起到了重要的推动作用。该法律的第一条关于立法之目的有如下明确的规定:“本法律旨在通过促进大学、高等专门学

① 高等学校创新能力提升计划[EB/OL].[2012－04－10]. http://baike.baidu.com/view/7044945.htm.

校、大学共享机构以及国家实验研究机构向民间转移有关技术的研究成果这一举措，以达到开拓新的领域，提升产业技术，增强大学、高等专门学校、大学共享机构以及国家实验研究机构的研究活力，并顺利实现我国产业结构转型、国民经济健康发展和学术进步之目的。"①2001 年，日本政府又提出了 3 年内高校创办 1 000 个风险企业的计划，这一目标在 2005 年得以实现(2005 年各高校创办的风险企业达到 1 112 个②)。正是在日本政府的有关政策、法律的引导下，近年来日本高校的产学结合有了长足的发展。

现代大学的产学结合，从内容上看至少可以分为两个层面：一是大学与企业联合开展研究活动，即研究过程的产学结合；二是大学的研究成果直接转化为技术、产品，为企业所用，即研究成果的产学结合。由过程至成果这样广泛范围的产学结合充分反映了技术革新模式的现代转变。一般认为，传统的技术革新模式是一种"线性模式"，可以表述为：基础研究→应用研究→开发→生产→销售。大学等研究机构在基础研究中获得的成果以论文等形式公开发表，企业根据市场需求将基础研究的成果转化为应用研究、开发研究，开发研究的成果进入生产、销售过程。这种"线性模式"在现代科学技术及现代经济社会的发展过程中正在被一种"非线性模式"所替代。所谓技术革新的"非线性模式"主要有这样三个基本特征：一是技术革新的流程不是单向的，而是双向，甚至多向的；二是技术革新的起点不限于基础研究的成果，生产中的需要、潜在的市场需求等都可能引起技术上的创新；三是科学研究与科学技术知识的应用贯穿于技术革新的整个过程。正是这种技术革新的"非线性模式"给大学的产学结合提供了广阔的可能性。③

近年来日本高校产学结合的发展首先表现在研究过程这一层面。研究过程的产学结合又可以从高校与企业联合开展科学研究和企业出资支持高

① 解说教育六法编辑委员会. 解説教育六法(2011)[M]. 东京：三省堂，2011：451.

② 産学連携の系譜[EB/OL]. [2012－04－10]. http://www.meti.go.jp/policy/innovation_corp/top-page.htm.

③ 宫田由起夫. アメリカの産学連携[M]. 东京：东洋经济新报社，2002：6－8.

校科学研究(所谓委托研究)这两个角度去分析。

表 2-6 是 2005 年至 2010 年日本高校(包括大学、短期大学和高等专门学校,下同)与企业联合开展科学研究的基本数据。[①] 可以看出,近几年来,高校与企业联合研究总体上呈逐年增加的趋势,2010 年的项目数为 15 544,比 2005 年的 11 054 增长了 40.6%,同期的联合研究经费数也增长了26.1%。不过,高校与企业联合研究在国立、公立、私立高校之间,尤其是国立高校与私立高校之间的发展是不平衡的。众所周知,私立高校在日本高等教育体系中占据大半江山,2010 年日本高等学校的总数为 1 231 所,其中私立高校有 969 所,国立高校有 137 所,公立高校有 125 所,私立高校占总数的比例高达 78.7%。[②] 但是从表 2-6中我们可以看出,国立高校是与企业联合研究的主体,以 2010 年为例,其项目数与经费数分别占总数的 79.5%和 81.1%。产生这一现象的原因或许主要在于日本国立高校在自然科学研究方面的雄厚实力和私立高校总体上偏文的学科设置状况。

表 2-6 高校与企业联合研究的项目数与经费数[③]

经费单位:亿日元

年度	国立高校		私立高校		公立高校		合计	
	项目/个	经费	项目/个	经费	项目/个	经费	项目/个	经费
2005	9 658	209.3	964	30.4	432	8.9	11 054	248.6
2006	10 563	232.3	1 341	40.5	585	13.1	12 489	285.9
2007	11 681	256.5	1 470	42.9	639	11.4	13 790	310.8
2008	12 286	278.6	1 774	44.6	914	15.9	14 974	339.1

① 该统计数据源自日本文部科学省的有关高校开展产学结合情况的调查,由于大部分学校都参与了调查(如 2010 年,国立高校与公立高校参与调查的比例为 100%,私立高校参与调查的比例为 80.8%),因此可以说基本上反映了日本高校产学结合的现状。

② 文部科学省. 文部科学統計要覧(2011)[M].东京:日经印刷株式会社,2011:81、85.

③ 科学技术・学术政策局产学结合・地区支援科大学技术转移推进室. 平成 22 年度大学等における産学連携等実施状況について[EB/OL]. [2012-04-12]. http://www.mext.go.jp/a_menu/shinkou/sangaku/__icsFiles/afieldfile/2011/11/30/1313463_01.pdf.

续 表

年度	国立高校		私立高校		公立高校		合计	
	项目/个	经费	项目/个	经费	项目/个	经费	项目/个	经费
2009	11 922	240.7	1 845	40.0	1 012	13.8	14 779	294.5
2010	12 361	254.7	2 062	44.9	1 121	14.5	15 544	314.1

日本高校与企业联合研究的状况，我们还可以从企业与研究领域两个方面做进一步的具体分析。如表 2-7 所示，虽然高校与企业联合研究的对象多为大型企业，但是中小企业也是联合研究中不可忽视的对象之一（从中小企业的数量及开发能力上来讲，中小企业对产学结合或许更加需要），因此日本高校与中小企业联合研究的项目数自 2005 年以来呈逐渐增加的态势，2010 年高校与中小企业联合研究的项目数占总数的 28.4%。此外，日本高校与外国企业联合研究的项目数尽管还不多，但也是逐年增加，2010 年的项目数比 2005 年增加了 2.6 倍。在高校与企业联合研究的领域方面，相对集中的倾向是比较明显的。如 2010 年的统计表明，日本高校与企业联合研究项目较多的领域依次为生命科学(29.1%)、纳米・材料(16.4%)、信息通信(8.5%)、环境(7.0%)，这 4 个领域的项目数相加占了总数的 61%。①

表 2-7 高校与中小企业、外国企业联合研究的项目数②

年度	2005	2006	2007	2008	2009	2010
总数/个	11 054	12 489	13 790	14 974	14 779	15 544
其中： 中小企业	3 570	3 926	4 087	4 149	4 286	4 416
外国企业	51	83	111	127	179	185

① 科学技术・学术政策局产学结合・地区支援科大学技术转移推进室. 平成 22 年度大学等における産学連携等実施状況について[EB/OL]. [2012-04-12]. http://www.mext.go.jp/a_menu/shinkou/sangaku/__icsFiles/afieldfile/2011/11/30/1313463_01.pdf.

② 科学技术・学术政策局产学结合・地区支援科大学技术转移推进室. 平成 22 年度大学等における産学連携等実施状況について[EB/OL]. [2012-04-12]. http://www.mext.go.jp/a_menu/shinkou/sangaku/__icsFiles/afieldfile/2011/11/30/1313463_01.pdf.

委托研究是研究过程产学结合的另一种形式。表 2-8 统计了 2005 年至 2010 年日本高校接受企业委托研究的基本情况。若和前面的高校与企业联合研究相比，我们可以看到日本高校委托研究呈现以下几个特点。一是从总体上看，委托研究无论在项目数还是经费数上都大幅度少于联合研究。以 2010 年为例，委托研究的项目数是 6 056 个，经费是 97.7 亿日元；而联合研究的项目数是 15 544 个，经费为 314.1 亿日元(见表 2-6)，前者的项目数与经费分别是后者的 39.0%和 31.1%。二是委托研究与联合研究在高校结构上存在着较大的差异。与联合研究中国立高校为主体不同，委托研究中私立高校的份额要更多一些，2010 年私立高校委托研究的项目数和经费数分别占总数的 62.0%、54.8%。三是 2005 年至 2010 年的 6 年间，日本高校的委托研究总体上呈减少的趋势，2010 年的项目数和经费比 2005 年分别减少了 3.9%、25.8%。有一种观点认为，由于产学结合的重点转向高校与企业的联合研究，因此，这可能就是企业委托研究逐渐减少的主要原因。此外，调查结果还表

表 2-8 高校接受企业委托研究的项目数与经费数①

经费单位：亿日元

年度	国立高校		私立高校		公立高校		合计	
	项目/个	经费	项目/个	经费	项目/个	经费	项目/个	经费
2005	1 548	39.7	4 249	75.7	495	7.5	6 292	122.9
2006	1 562	38.6	4 158	70.3	459	8.2	6 179	117.1
2007	1 683	42.9	3 917	66.5	405	5.7	6 005	115.3
2008	1 650	43.0	3 872	63.4	423	6.9	5 945	113.3
2009	1 881	46.2	3 847	57.2	457	8.9	6 185	112.3
2010	1 848	37.9	3 757	53.5	451	6.2	6 056	97.7

① 科学技术・学术政策局产学结合・地区支援科大学技术转移推进室. 平成 22 年度大学等における産学連携等実施状況について[EB/OL]. [2012-04-12]. http://www.mext.go.jp/a_menu/shinkou/sangaku/__icsFiles/afieldfile/2011/11/30/1313463_01.pdf.

明，日本高校的委托研究主要来自中央政府与独立行政法人机构。2010年日本高校的委托研究经费共有1 633.1亿日元，其中来自独立行政法人机构的最多，为945.2亿日元，占总数的57.9%；其次来自中央政府的经费为525.8亿日元，占总数的32.2%，两者相加的比例高达90.1%。①

以上是从研究过程的角度分析了日本高校产学结合的发展状况。如前所述，产学结合不仅体现在研究过程中，同时也表现在研究结果上。从某种意义上讲，研究结果的产学结合更加体现了现代科学技术发展与现代经济成长之间的基本关系。研究结果的产学结合同样也可以从两个方面去分析，即专利的实施、转让和高校创办风险企业。

专利是科学知识转化为技术、产品的一个重要环节。从表2-9的统计来看，日本高校在申请专利与获取专利方面，仍然是以国立高校为多数。如2010年国立高校申请专利数占总数的73.5%，获得专利数占总数的70.3%。从发展的角度来看，高校获得专利数的增长幅度十分惊人，2010年的获得专利总数是2005年的3.4倍。获得专利是实施、转让专利的基础。从表2-10的统计来看，日本高校近几年来无论是专利实施、转让的件数还是专利转让的收入都有大幅度的增加，2010年的专利转让数比2005年增加了约3.5倍，同期获得的专利转让收入增加了近1.3倍。这些都充分反映出日本高校在应用、开发研究方面的重视程度。

---

① 科学技术・学术政策局产学结合・地区支援科大学技术转移推进室. 平成22年度大学等における産学連携等実施状況について[EB/OL]. [2012-04-12]. http://www.mext.go.jp/a_menu/shinkou/sangaku/__icsFiles/afieldfile/2011/11/30/1313463_01.pdf.

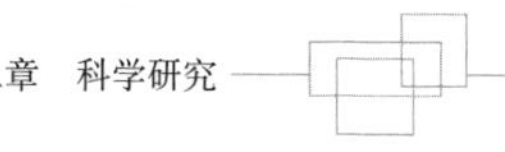

表 2-9　高校申请专利数与获得专利数①

年度	申请专利数				获得专利数			
	国立高校	私立高校	公立高校	合计	国立高校	私立高校	公立高校	合计
2005	6 255	1 987	285	8 527	2 021	701	33	2 755
2006	7 003	1 718	369	9 090	2 330	882	44	3 256
2007	7 642	1 829	398	9 869	2 985	1 167	73	4 225
2008	7 032	1 828	575	9 435	3 543	1 550	104	5 197
2009	6 652	1 610	539	8 801	4 584	1 820	166	6 570
2010	6 373	1 724	578	8 675	6 604	2 536	256	9 396

表 2-10　高校专利实施、转让数与转让收入②

经费单位:亿日元

年度	国立高校		私立高校		公立高校		合计	
	转让数	转让收入	转让数	转让收入	转让数	转让收入	转让数	转让收入
2005	752	4.4	317	2.0	34	0.0	1 103	6.4
2006	1 563	5.7	809	2.2	37	0.2	2 409	8.0
2007	2 346	5.7	1 110	1.7	76	0.3	3 532	7.7
2008	3 161	7.7	976	1.9	97	0.2	4 234	9.9
2009	3 332	6.4	1 065	2.1	140	0.4	4 527	8.9
2010	3 721	11.4	1 102	2.7	145	0.4	4 968	14.5

① 科学技术·学术政策局产学结合·地区支援科大学技术转移推进室. 平成 22 年度大学等における産学連携等実施状況について[EB/OL]. [2012-04-12]. http://www.mext.go.jp/a_menu/shinkou/sangaku/__icsFiles/afieldfile/2011/11/30/1313463_01.pdf.

② 科学技术·学术政策局产学结合·地区支援科大学技术转移推进室. 平成 22 年度大学等における産学連携等実施状況について[EB/OL]. [2012-04-12]. http://www.mext.go.jp/a_menu/shinkou/sangaku/__icsFiles/afieldfile/2011/11/30/1313463_01.pdf.

高校创办风险企业是研究结果产学结合的另一种形式，同时也是日本高校近年来比较引人关注的产学结合的新途径。据统计，2010 年日本高校创办的风险企业已经达到 2 074 个，比 10 年前 2000 年的 395 个增加了 4.3 倍。① 2002 年起日本经济产业省就委托日本经济研究所每年展开一次有关高校创办风险企业的调查，这一调查持续了 7 年。根据最近的一次 2008 年的调查，我们可以看出日本高校创办风险企业的一些特点。

截至 2008 年底，日本高校创办并仍在运行的风险企业数为 1 809 个，这些企业与高校的关系主要可以分为两大类。一类是在高校相关研究成果的基础上直接创办的企业，这类企业占总数的 63.5%；另一类是与高校有着密切关联的企业，其中包括由学生创办的、高校出资的等，这类企业占总数的 36.5%。1 809 个风险企业主要集中在 8 个领域，按照所占比例的多少分别为生物工程（35.0%）、信息技术（软件）（30.2%）、机械（18.9%）、材料（11.9%）、信息技术（硬件）（10.5%）、环境（10.2%）、教育（4.5%）、能源（3.7%）。② 就高校来说，创办风险企业同样存在着不平衡的现象。创办风险企业最多的高校依次为东京大学（125 个）、筑波大学（76 个）、大阪大学（75 个）、早稻田大学（74 个）、京都大学（64 个）、东北大学（57 个）、东京工业大学（57 个）、九州大学（55 个）、庆应义塾大学（51 个）、九州工业大学（45 个）。这 10 所大学创办的风险企业数达 679 个，占总数的 37.5%。国立高校仍然是创办风险企业的主力军。在创办风险企业最多的 10 所大学中，8 所为国立大学，私立大学仅两所（早稻田大学与庆应义塾大学）。此外，创办 10 个以上风险企业的国立大学有 37 所，私立大学仅 11 所。③

---

① 科学技术・学术政策局产学结合・地区支援科大学技术转移推进室. 平成 22 年度大学等における産学連携等実施状況について[EB/OL]. [2012-04-12]. http://www.mext.go.jp/a_menu/shinkou/sangaku/__icsFiles/afieldfile/2011/11/30/1313463_01.pdf.

② 由于有些企业所涉及的领域在两个以上，因此按领域统计就存在有的企业被重复计算的情况，其结果是各领域的比例相加超过 100%。

③ 日本经济研究所.「大学発ベンチャーに関する基礎調査」実施報告書(2008)[EB/OL]. [2012-04-12]. http://www.meti.go.jp/policy/innovation_corp/top-page.htm.

二、产学结合的政策基础

20世纪90年代以来，日本大学改革的主要特征之一是政府通过制定法律、修改政策来推动改革的实施。例如，20世纪90年代初，日本政府依据大学审议会提出的咨询报告，修改了《大学设置基准》，开启了日本近代大学发展史上第三次大学改革的序幕。又如，20世纪末21世纪初，出于财政紧缩等多种考虑，日本政府提出了国立大学法人化改革的设想，并通过了《国立大学法人法》，实施日本近代大学历史上从未有过的国立大学制度改革。高校产学结合的实施及发展也不例外。日本政府推动高校产学结合，影响高校产学结合的手段方法主要有三个：通过法律，制订计划，投入经费。

如前所述，1998年通过的《促进大学等向民间转移有关技术的研究成果之法律》对近年来的日本高校产学结合的发展起到了重要的推动作用。该法律不仅明确了高校技术转让的意义，即有利于促进"产业结构转型、国民经济健康发展和学术进步"，而且规定政府应该支持高校的技术转让活动。例如，该法律的第九条规定："为了有利于促进特定研究成果向民间转移，文部科学大臣应给予大学有关学术应用的研究进展必要的关注。"又如，第十条规定："为了促进特定研究成果向民间转移，文部科学大臣与经济产业大臣应努力使在研究开发方面大学与民间的结合、协同顺利进行。同时还必须考虑到大学学术研究的特点。"[①]此外，《促进大学等向民间转移有关技术的研究成果之法律》还对技术转移计划的制订、专利收入，尤其是向中小企业转让技术等问题做了明确的规定。法律第十一条写道："鉴于中小企业在特定研究成果的使用方面发挥着重要作用，经济产业大臣应努力为中小企业提供有关研究开发及研究成果的信息，并推进相关政策的有效实施。"[②]

① 解说教育六法编辑委员会. 解説教育六法(2011)[M]. 东京：三省堂，2011：452.

② 解说教育六法编辑委员会. 解説教育六法(2011)[M]. 东京：三省堂，2011：452.

产学结合的重要目的之一是引导高校的科学研究为促进产业结构转型、提升企业的技术创新能力服务。围绕这一课题，日本政府在2000年专门出台了一部法律，即《产业技术能力强化法》。该法律第一条规定：“本法律旨在通过明确国家、地方政府、产业技术研究法人、大学以及产业界在强化我国产业技术能力方面的责任，制定有关强化产业技术能力的基本策略和支持措施，以达到实现我国产业的可持续发展，稳定提高国民的生活水平，以及有利于国民经济的健康发展之目的。”[①]如何强化产业的技术能力，法律条文中给出的解释是：“在国家、地方政府、产业技术研究法人、大学以及产业界的密切结合下，创造性地开展研究与开发活动，加强使研究开发成果企业化的能力。”[②]如此，在提升产业技术创新能力方面，大学发挥着不可替代的重要作用。《产业技术能力强化法》对大学在强化产业技术能力方面的责任也做了明确的规定：“大学应从有利于强化产业技术能力的角度出发，自主、积极地开展人才培养、科学研究及推广研究成果的活动。”

在高校开展产学结合的过程中，伴随着专利实施、技术转让、成果应用，必然会遇到知识产权的问题，合理保护知识产权是产学结合能够顺利进行必须解决的一个重要课题。为此，日本政府在2002年制定了《知识财产基本法》。《知识财产基本法》包括四章33条内容，分别是第一章总则、第二章基本策略、第三章关于知识财产创造、保护及应用的推进计划、第四章知识财产战略本部。关于法律制定的目的，第一条做了如下的规定：“鉴于伴随着国内外社会经济形势的变化，强化我国产业国际竞争力的必要性日益增大的状况，为了建设以新的知识财产创造及其有效应用为基础的经济社会，本法律旨在通过确定有关知识财产创造、保护与应用的基本理念及实现理念的基本途径，明确国家、地方政府、大学及产业界的责任，制订知识财产创造、保护与应

① 産業技術力強化法[EB/OL].[2012-04-15]. http://law.e-gov.go.jp/htmldata/H12/H12HO044.html.

② 産業技術力強化法[EB/OL].[2012-04-15]. http://law.e-gov.go.jp/htmldata/H12/H12HO044.html.

用的推进计划，设立知识财产战略本部，以实现有计划地推进关于知识财产创造、保护及应用策略的实施之目的。”[①]关于大学在知识财产创造、保护及应用方面的责任，法律的规定是：“大学应从有利于整个社会知识财产创造的角度出发，自主、积极地开展人才培养、科学研究及推广研究成果的活动。”同时，《知识财产基本法》还强调了在知识财产创造、保护与应用方面加强产学官结合的必要性。“为了加强国家、地方政府、大学及产业界的联系与协同，有效地实施知识财产的创造、保护和应用，国家应制定强化这些联系的必要策略。”[②]

上述一些法律明确了政府、高校、产业界等各方在高校产学结合方面的责任，为产学结合的有效实施奠定了基础。日本政府不仅通过法律规范产学结合的发展，同时还制订计划引导产学结合的发展。其中《科学技术基本计划》中有关产学结合的内容值得关注。为了振兴与发展科学技术，日本政府在1995年通过了《科学技术基本法》，该法律明确规定：“为了整体且有计划地推进振兴科学技术政策的实施，政府必须制订关于振兴科学技术的基本计划。”[③]从1996年起，日本政府开始制订以5年为一周期的科学技术基本计划，每期的基本计划都会根据科学技术、社会经济的新发展提出新的目标。如第三期科学技术基本计划（2006—2010年）以“创新”作为关键词，提出要“强化有利于创新的体系构造”的目标。关于产学结合，第三期计划提出的具体措施是：完善研究开发早期阶段经费资助制度；构建可持续发展的产学官结合体系；支持研究开发型风险企业的创办，促进民间企业的开发研究等。[④]2011年8月19日，日本政府颁布了第四期科学技术基本计划（2011—2015

① 知的財産基本法[EB/OL]. [2012-04-15]. http://www.kantei.go.jp/jp/singi/titeki/hourei/021204kihon.html.

② 知的財産基本法[EB/OL]. [2012-04-15]. http://www.kantei.go.jp/jp/singi/titeki/hourei/021204kihon.html.

③ 解说教育六法编辑委员会. 解説教育六法(2011)[M]. 东京：三省堂，2011：450.

④ 玉井克哉，等. 日本の産学連携[M]. 东京：玉川大学出版社，2007：59-60.

年）。第四期基本计划除震灾复兴这样的当下社会问题应对之外，创新仍然是主题词，如“推进科学技术创新体制改革”，“深化社会与科学技术创新关系”，“制定富有实效性的科学技术创新政策”等。[①] 当然，产学结合的内容也频繁出现在第四期基本计划的文本中。尤其是在“强化科学技术创新的战略推进体制”这一节中，该计划提出了“加强产学官的知识网络”和“构建产学官协同的场域”这两大课题。“伴随着科学技术的复杂化、研究开发活动的大规模化与经济社会的全球化的进展，一直以来的整合垂直型研究开发模式的问题日益凸显，开放的创新模式正在迅速发展。为此，有必要进一步扩大产学官结合，以加强构筑促进科学技术创新的知识网络。”“为了能够迅速且有效地实施科学技术创新，有必要集结产学官的多方面知识和研究开发能力，构建有组织、有目标的协同研究开发的场域。”[②]第四期基本计划还就如何解决这两大课题提出了一些具体的方法与措施。

政策的实施如果没有经费保障，恐怕很难达到预期的政策效果。因此与政策配套投入的政府经费不仅起到了支持政府政策实施的基础作用，同时其本身也成为政策的一个重要组成部分。例如，上面所提到的科学技术基本计划，日本政府为实施计划投入了大量的经费，且每期都有一定的增长。第一、二、三期基本计划的政府预算投入分别为 17.6 万亿、21.1 万亿、21.7 万亿日元，第四期计划投入为 25 万亿日元。[③] 日本政府为了有效地实施产学结合的政策，在政府财政不断压缩的状况下，仍然在产学结合、技术创新方面投入了相当的经费。经济产业省自 2003 年起，每年制订与产学结合相关的政府预算方案。以 2008 年为例，与产学结合相关的预算额为 2 337 亿日元。预算分为

① 科学技術基本計画(2011 年 8 月 19 日)[EB/OL]. [2012 - 04 - 15]. http://www.mext.go.jp/component/a_menu/science/detail/__icsFiles/afieldfile/2011/08/19/1293746_02.pdf.

② 科学技術基本計画(2011 年 8 月 19 日)[EB/OL]. [2012 - 04 - 15]. http://www.mext.go.jp/component/a_menu/science/detail/__icsFiles/afieldfile/2011/08/19/1293746_02.pdf.

③ 平成 24 年度科学技術関係予算案の概要について(2012 年 2 月)[EB/OL]. [2012 - 04 - 20]. http://www8.cao.go.jp/cstp/budget/h24yosan120223v1.pdf.

三大部分：一是推进研究成果的实用化、市场化，二是促进多样化的知识融合，三是促进创新活动的顺利进行。其中的具体项目有：大学研究开发的实用化（17.5 亿日元），完善创造性的产学结合体制（4.6 亿日元），产学结合的人才培养（28.2 亿日元），支持产业技术研究（47.8 亿日元）等，投入最多的是各领域研究开发项目的推进（1 986 亿日元）。① 日本文部科学省是促进产学结合的主要负责机构，当然也有相应的经费配套。以 2010 年为例，当年文部科学省用于与产学结合相关的预算经费达 479.9 亿日元。其中包括：（1）完善创新体制、促进大学产学官结合、支持地区创新项目等（215.5 亿日元）；（2）产学结合研究成果的实用化项目（228.0 亿日元），如产学结合开展基础研究、创新活动的战略发展等；（3）知识财产的应用（22.4 亿日元），如支持专利申请、精通技术转让的人才培养等；（4）促进尖端研究设备的共同使用（14.0 亿日元）。②

三、产学结合的实施路径

高校是开展产学结合的主力军。自从政府提出振兴科学技术、推进产学结合的方针之后，日本各高校都纷纷行动起来，将产学结合看作高校服务社会的重要举措和高校自身发展的新的生长点。各高校实施产学结合的具体路径方法通常是，成立负责产学结合的机构，制订符合学校实际的产学结合方针，出台相关产学结合政策，规范与支持教师的产学结合活动。下面试以若干有代表性的日本大学为例，分析产学结合在高校中的具体展开状况。

东京大学作为日本顶尖大学，在产学结合方面同样走在前列。早在 2001 年，东京大学就开始讨论如何在全校范围内开展产学结合的问题；2002 年，在

① 经济产业省. 產学官連携関連施策の概要（2008 年 1 月）[EB/OL]. [2012-04-20]. http://www.meti.go.jp/policy/innovation_corp/top-page.htm.

② 文部科学省研究振兴局研究环境・产业结合科. 產学官連携施策について[EB/OL]. [2012-04-20]. http://www.sangakukanrenkei.jp/asset/kouen/20110118mext.pdf.

校本部设立了产学结合推进室;2003 年成立产学结合推进委员会;2004 年,随着国立大学法人化改革的正式实施,负责产学结合的管理机构——“产学结合本部”开始运行。“产学结合本部是东京大学校长领导下的组织,一方面它是接受产业界需求的窗口,另一方面它是推进校内各单位、研究者与产业界开展各种联合活动的全校性支持机构。”①“产学结合本部”下设三个具体部门,分别负责产学结合的三个主要领域的工作。“产学结合研究推进部”主要负责联合研究及产学结合的人才培养,“知识财产部”主要负责知识财产的保护及使用,“事业化推进部”主要负责大学风险企业的创办及创业人才培养等。为了使产学结合的活动能够正常开展,东京大学“产学结合本部”还制定了一系列的规章制度,如“东京大学专利政策”“东京大学推进国际产学结合政策”“东京大学知识财产政策”“东京大学有关知识财产补偿金规则”“东京大学与民间机构等开展联合研究规则”等。2011 年,东京大学与民间机构(主要是企业)开展的联合研究项目数有 1 547 个,研究经费达 51.1 亿日元。从 2002 年开始,东京大学与民间机构的联合研究呈不断增长的态势,2011 年的项目数与经费数比 2002 年(417 个项目,经费 18.8 亿日元)分别增长了 2.7 倍、1.7 倍。2011 年东京大学有 174 项专利获得实施或转让,所得收入为 2.3 亿日元。②

筑波大学 1973 年作为筑波科学园区的重要支撑机构,在原东京教育大学的基础上由政府创办。从创办之初开始,筑波大学就与园区的建设紧密相关。筑波大学的基本目标第三条这样写道:“筑波大学作为科学技术研究机构聚集的筑波科学园都市之核心,必须积极地与其他教育研究机构及产业界

① 东京大学产学结合本部. 2012 東京大学產学連携本部概要[EB/OL]. [2012-04-20]. http://www.ducr.u-tokyo.ac.jp/jp/materials/pdf/2011annual_report.pdf.

② 东京大学产学结合本部. 2012 東京大学產学連携本部概要[EB/OL]. [2012-04-20]. http://www.ducr.u-tokyo.ac.jp/jp/materials/pdf/2011annual_report.pdf.

密切结合，在充实自身教育研究功能的同时，为广泛的社会发展做贡献。”① 2008年，筑波大学申请文部科学省的产学官结合战略发展事业项目得到批准，以此为契机，2009年筑波大学设立了新的产学结合管理机构——产学结合本部，分管研究工作的副校长兼任产学结合本部部长。筑波大学产学结合本部的目标简洁明了，即“培育支持具有筑波大学特色的风险企业，开展与地区紧密结合的创新活动。”②产学结合本部下设若干科室分别负责与产学结合相关的制度设计、知识财产管理、技术转让、联合研究、委托研究、风险企业创办等。与东京大学相同，筑波大学也就产学结合本部的职责、联合研究、委托研究、知识财产、专利发明、风险企业等产学结合的各个方面制定了详细的制度、规则。2011年，筑波大学与民间企业的联合研究项目有278个，经费为6.5亿日元；接受委托项目有235个，经费为35.8亿日元。③ 筑波大学1998年开始创办风险企业，到2012年4月累计创办90个，其中有75个风险企业仍在运行。④

上述两所大学为国立大学，在产学结合中发挥重要作用自当必然。另外，占日本大学总数四分之三以上的私立大学，尤其是研究水平较高的私立大学同样积极地开展了与产学结合有关的各项活动，立命馆大学就是其中之一。立命馆大学早在1995年就设立了产学官交流事业推进室，1996年建成产学结合实验室，2003年设立知识财产本部，并被文部科学省确定为“完善大学知识财产本部”试点高校，2004年建成立命馆大学风险企业孵化中心，2005年在经济产业省有关大学产学结合的评价中排名第一，2008年获得文部科学

① 筑波大学の基本的な目標[EB/OL]. [2012-04-20]. http://www.tsukuba.ac.jp/about/objective.html.

② 筑波大学产学结合本部. 筑波大学の産学連携推進体制[EB/OL]. [2012-04-20]. http://www.sanrenhonbu.tsukuba.ac.jp/jp/organization.html.

③ 筑波大学产学结合本部. 筑波大学産学官連携実績の推移[EB/OL]. [2012-04-20]. http://www.sanrenhonbu.tsukuba.ac.jp/jp/performance.html.

④ 筑波大学产学结合本部. 筑波大学発ベンチャー[EB/OL]. [2012-04-20]. http://www.sanrenhonbu.tsukuba.ac.jp/jp/examples.html.

省产学官结合战略发展事业项目，设立了以副校长为部长的产学官结合战略本部。产学官结合是近年来立命馆大学科学研究发展的一大主要目标。如《立命馆大学第2期研究高度化中期计划(2011—2015)》提出了3个基本目标，其中第3个是："通过产学官结合活动，推进与国家、地方政府及产业界的联合研究、委托研究，并将这些研究的成果广泛地服务于社会，贡献于社会。"[①]2010年，立命馆大学的产学官联合研究项目有56项，经费为7 949万日元；委托研究项目有256项，经费为11.5亿日元。[②]

产学结合一词虽然由来已久，但是从上文的分析中不难看出，现阶段日本的产学结合发展有了新的内容、新的特点。将产学结合作为振兴科学技术的一环，作为科学技术创新的途径，作为大学服务于社会的手段，作为大学自身发展的生长点，由自发到组织化、制度化，这些都是值得我们进一步深入研究与思考的。

---

① 立命館大学研究高度化中期計画[EB/OL]. [2012－04－20]. http://www.ritsumei.ac.jp/research/collaboration/vision/plan.html/.

② 立命館大学研究費受け入れ状況[EB/OL]. [2012－04－20]. http://www.ritsumei.ac.jp/research/collaboration/data/.

第三章　大学治理

“大学治理是近年来引起人们广泛关注的一个重要课题，不仅学术界对其有众多的研究与讨论，政府的文件、大学的章程也都提出要构建现代高等教育治理体系，提高大学治理能力。”①大学治理的重要性还在于虽经多年的改革，实践中仍然存在着诸多问题，如“过分依赖政府”的治理观念、“权力过于集中”的治理体制、“民主决策不足”的治理行为和“法制不够健全”的治理习惯等，必须在大学治理的理论和实践上更加深入地探讨符合我国大学发展的“大学自治”理念、大学内外部治理的关系结构和高等教育治理体系现代化的实现路径。②

第一节　大学外部治理与府学关系

实现高等教育治理体系与治理能力现代化是我国高等教育改革与发展的重要课题。高等教育治理体系与治理能力是两个既相互联系又相互区别

① 胡建华，王建华，陈何芳，等. 大学内部治理论[M].南京：南京师范大学出版社，2019：1.

② 胡建华，王建华，陈何芳，等. 大学内部治理论[M].南京：南京师范大学出版社，2019：327.

的理论范畴和实践领域。什么是高等教育治理体系？依据不同的视角，可以列出不同的结构要素。就治理体系的主体而言，包括政府（中央政府与地方政府）、大学等社会机构；就治理体系的内容而言，包括理念、制度、机制、过程等。所谓高等教育治理体系现代化，主要指治理体系中的各要素及要素之间的联系如何适应现代高等教育发展的需要，形成有利于现代高等教育发展的机制与结构。在高等教育治理体系中，大学内部治理与外部治理毫无疑问是其主要组成部分，无论是大学内部治理还是外部治理，均具有主体多元、要素多样、关系多重的特征。这其中，校院关系（学校领导层、管理层与二级学院之间的关系）之于大学内部治理，府学关系（政府与大学的关系）之于大学外部治理都是十分基础且重要的。

一、府学关系的普遍性与复杂性

大学作为社会机构，由于以知识传承、人才培养、学术研究等为主要任务，从产生起就具有与其他社会机构不同的诸多特征。其中，政府作为外部权威机构，在大学的成立、运行、发展过程中发挥着重要作用，显得尤为明显与突出。所谓府学关系的普遍性即指这种关系伴随着大学的产生，影响着不同时代、不同地域大学的发展。

中世纪大学产生之初，欧洲民族国家政府尚未出现，中世纪社会的权威势力如教皇、国王、领主等在大学的创建与运行过程中发挥了重要的影响作用，教皇、国王颁发的特许状被认为是大学成立与存在的基本保障。巴黎大学是最早出现的中世纪大学之一，因其“四学院”（神学院、法学院、医学院、文学院）的办学模式为后来的大学广泛效仿而被称作“大学之母”。12 世纪末、13 世纪初是巴黎的教师行会向大学发展演变的成型时期，罗马教皇及教会在制定规则与规范教师行会行为等方面起到了主导作用。1207 年，教皇英诺森三世指令在巴黎教区设立“学监”一职，负责指导、管理教师与学生。两年之后，巴黎的教师与学生向教皇递交请愿书，抱怨教区学监强迫教师起誓忠诚与服从，并时常向申请开课的教师征收开讲费，要求教皇纠正学监的这些行为。1212 年，教皇回应师生请愿，向学监提出了四点要求：(1) 对教师开课不必过严审核；(2) 停止收取开讲费和对教师起誓的要求；(3) 神学、市民法与教会法开课教师的资格，只要在任相关教师大多数同意推荐即予以认可；(4) 文学艺术教师由 3 名教师代表和学监推荐的 3 人组成的选考委员会根据考试结果选任。1215 年，教皇对教师任用规则做出了进一步的规定，即教师资格通过教师行会的任职考试决定，文学艺术教师的年龄必须在 21 岁以上，神学教师的年龄必须在 35 岁以上。① 1231 年，教皇格列高利九世颁发特许状，允许巴黎大学拥有录用新教师、制订大学内部规则、推选大学与外部权力机构交涉及出庭诉讼代表的权利，巴黎大学遂成为教皇特许的自治机构。② 有学者认为这一特许状可以被看作大学"宪章"，标志着经过几十年的教师行会与教会之间的矛盾与斗争之后，巴黎大学正式成立。③

1789 年法国大革命之后，教会逐渐失去对教育的控制权与影响力，世俗化成为教育近代化的主要内容，公共教育理念开始主导教育的发展，教育被纳入世俗国家的管辖之下，政府在教育管理中的地位日益凸显。法国大革命时期的重要人物孔多塞，1792 年代表公共教育委员会向国民公会提出了建立从初等教育到高等教育的单轨公立教育组织体系法案。1795 年，《公共教育组织法》(又称"多努法")在国民公会获得通过并正式成为法律，该法律与"孔多塞法案"在高等教育制度规定方面的主要区别在于，"实施高等教育的机构不是重视研究的综合大学，而是以分科和实用为原则建立的职业专门学校，同时将教育引向与政治密切关联的方向"④。1799 年拿破仑取得政权，1806

① 梅根悟.世界教育史大系 26 · 大学史Ⅰ[M].东京：讲谈社，1974：25－27.

② Jacques Verger. 中世の大学[M].大高顺雄，译.东京：みすず书房，1979：31－32.

③ Stephen d'Irsay. 大学史(上)——中世およびルネサンス[M].池端次郎，译.东京：东洋馆出版社，1988：102.

④ 梅根悟.世界教育史大系 26 · 大学史Ⅰ[M].东京：讲谈社，1974：158.

年颁布《关于帝国大学的构成法》，该法明文规定帝国大学为统领全国公共教育的唯一机构。依据该法律和1808年颁布的《帝国大学组织敕令》，具有教育管理中央集权性质的帝国大学制度正式建立。“帝国大学制度是典型的国家主义、中央集权的体制，所有类型的教育都统一在国家权力的管辖之下，高等教育也不例外。”[①]虽然拿破仑执政时间不太长，但是其所建立的高等教育制度对法国高等教育发展产生了深远的历史影响。有学者认为：“拿破仑构建的高等教育体制持续了大约160年（到1968年《高等教育方向指导法》颁布为止），起到了法国大学制度框架性基础的作用。”[②]

大学近代化的过程中，府学关系的形态不仅存在于法国，在德国同样可以看到。众所周知，19世纪初是德国大学改革、近代大学制度建立的关键时期。大学理念在当时德国乃至欧洲的大学改革与发展过程中发挥了重要作用。“19世纪在欧洲大陆形成的新的大学理念概括起来主要有以下三点：(1)大学的任务不仅是传承长期积蓄起来的知识，更要发展知识；(2)大学在相当的程度上隶属于国家；(3)大学以国家精神，即国民的智慧意见服务社会。”[③]在这样的理念指导下，以国家支持与指导为原则，柏林大学、布雷斯劳大学(1811年)、波恩大学(1818年)相继成立。大学隶属于国家，这是近代国家主义在欧洲产生影响的结果。“国家通过公共教育部的行政官员常常对大学内部事务指手画脚。教授的权威主要依赖其国家职员的身份，因此他们难以避免来自政府的压力。公共教育部可以不咨询学院意见而直接任命教授，并且可以行使给教授减薪，让其提前退休，给予惩戒、罚款等处分权。此外，1810年到1820年间德国大学的精神与组织划一，大学自认为是国家理论的主要倡导者，有责任帮助国家培养国民的使命感。”[④]1800年之后的大约一个

① 梅根悟.世界教育史大系26・大学史Ⅰ[M].东京:讲谈社,1974:160.

② 梅根悟.世界教育史大系26・大学史Ⅰ[M].东京:讲谈社,1974:163.

③ 酒井吉荣.学問の自由・大学の自治研究[M].东京:评论社,1979:129.

④ Stephen d'Irsay.大学史(下)——十六世紀から一八六〇年まで[M].池端次郎,译.东京:东洋馆出版社,1988:300.

半世纪间，欧洲“大学与其监督当局之间的关系时常是冲突的，远非仅仅局限于技术和专业事务（课程、预算、考试和教职的任命）。这种冲突经常因政治和意识形态的原因而加剧。……虽然由于中世纪的传统——那是一个大学与西方基督教教会保持有机联系的时代，大学确实保留了一定程度的独立，但高压之下，大学也或多或少被迫接受了对其物质和精神独立的限制”①。

20世纪中叶，随着第二次世界大战的结束，大学发展进入了“黄金时期”。首先，持续的和平环境（总体而言）可促进世界经济不断增长，给大学发展提供强有力的基础和条件。许多国家的高等教育规模不断扩大，高等教育从精英阶段经大众化阶段进入了普及化阶段。其次，大学通过培养人才、发展科学、社会服务职能的充分发挥愈来愈多地直接介入社会经济、文化等诸多领域的发展，成为社会的“轴心机构”。因此，大学日益受到社会尤其是国家政府的高度关注与重视，府学关系的变化无论在方向上还是内容上都呈现出复杂的样态。

所谓府学关系的复杂性，不仅体现为府学关系的性质不是单一的，如有学者概括出“国家控制的模式”和“国家监督的模式”②；而且在近些年来的高等教育改革过程中可以看到，一些国家府学关系变化的方向也是不一致的。府学关系变化的方向之一是政府逐渐放松对大学的管理、制约，大学拥有愈来愈多的自治权与自主权。

如前所述，19世纪初法国建立了中央集权的高等教育管理体制，这一体制持续了约160年。1968年的“五月风暴”打破了平静，催生了改革，法国政府颁布的《高等教育方向指导法》确定了“自治、参与、多学科”三原则，“大学由此成为具备法律责任及管理、财务和教学自主权的公共机构。大学不再受国家任命的校长直接控制……新的校长由大学理事会在全职教授中选举产

① 保罗·热尔博.欧洲近代大学与政府的关系[J].杨克瑞，张斌贤，译.河北师范大学学报(教育科学版)，2012(5)：36－44.

② 弗兰斯·F.范富格特.国际高等教育政策比较研究[M].王承绪，等译.杭州：浙江教育出版社，2001：414.

生，任期五年”[①]。1968年的大学改革开启了法国府学关系由集权向分权转变的演进之路。1984年，《萨瓦里法》颁布，形成了政府与大学通过协议、谈判等契约管理方式构建新型府学关系的格局。“大学可以与政府签订协议。在关于大学的资源、资产和学生市场等问题上，大学可以和政府对话。在这种制度框架下，大学可以选择建立某个专业并寻找政府特别的支持。……虽然最后的决策权仍然在教育部，但是这些协议是分权制改革的重要开始。”[②]进入21世纪之后，法国政府又于2007年颁布了《大学自由与责任法》，2013年颁布《高等教育与研究法》，2017年推出扩大大学招生自主权的改革举措，使得大学在财政、人事、招生等方面拥有更多的自主权，府学关系向分权的方向持续发展。“《大学自由与责任法》进一步确认了契约管理在高等教育治理中的核心作用。政府作为契约的一个主体，承担制定国家高等教育发展规划、目标和方向，为高等教育发展提供资金，通过合同按照国家确立的目标来引导、规范和约束大学发展方向的职责。大学作为契约中的另一个主体，根据国家发展高等教育的目标，承担为国家培养人才、科研发展、社会服务和文化传承的职责”[③]。

日本高等教育自20世纪90年代初开始进入历史上又一个重要的改革时期。持续20多年的改革涉及大学招生考试、大学课程、教育质量保障、研究生教育、教师人事制度、教师教学发展、大学治理等诸多领域，其中调整府学关系是重中之要，赋予国立大学法人地位、扩大大学的办学自主权是府学关系调整的主要方向与内容。90年代初，日本政府修订《大学设置基准》，开启了高等教育改革的大幕。《大学设置基准》修订的基本内容是使其“大纲化”，即

---

① 瓦尔特·吕埃格.欧洲大学史.第四卷，1945年以来的大学[M].贺国庆，王保星，屈书杰，等译.保定：河北大学出版社，2019：116.

② Jef C.Verhoeven.从欧洲的三个国家看——大学与政府关系的变化[J].清华大学教育研究，2003(5)：1-8.

③ 刘淑华，李默妍.法国大学自治了吗？——新世纪法国扩大大学自主权的改革述评[J].复旦教育论坛，2021(5)：97-104.

有关条文删繁就简，有关规定改严为宽。“设置基准大纲化的最突出之处是关于大学课程设置规定的修改。原设置基准规定，大学的课程由一般教育课程、外语课程、保健体育课程、专门教育课程 4 部分组成。一般教育课程又包括人文科学、社会科学、自然科学 3 个系列。学生必须修满 124 个学分方可毕业，其中一般教育课程 36 学分，外语课程 8 学分，保健体育课程 4 学分，专门教育课程 76 学分。修改后的设置基准则将这些关于课程种类的具体区分全部取消，代之以大学课程设置的方针。”①大学设置基准大纲化的实质就是扩大大学的办学自主权，为大学个性化发展开辟道路。21 世纪初实施的国立大学法人化将日本高等教育改革引入了一个新的阶段。国立大学法人化，顾名思义就是“国立大学从迄今为止的国家行政组织的一部分转变为一种具有独立法人资格的机构”②。国立大学法人化给日本大学制度及大学治理结构带来的一个主要变化是改变了国立大学与政府的关系。一方面国立大学具有了更多的自治权与自主权，另一方面政府采取了新的影响、指导方式。“政府的新的方式就是，要求各国立大学法人根据各自学校的性质与特点以 6 年为一周期确定中期目标，制订中期计划，并征得文部科学省的认可。在一个周期结束之时，各大学有义务将中期目标与中期计划的实现及完成情况向文部科学省设置的国立大学法人评价委员会和设在总务省的独立行政法人评价委员会报告，接受评估。”③

府学关系变化的另一个方向则是政府增加了对大学的管理、制约力度，政府在高等教育发展及大学办学方面的介入程度逐渐增加。20 世纪 70 年代末以来，英国府学关系的发展或许是这一变化方向的一个实例。1919 年大学拨款委员会（University Grants Committee，UGC）成立之后，“政府开始按年度给大学拨款，没有附加条件，下拨经费的用途也基本上不检查，由各大学自

① 胡建华.战后日本大学史[M].南京：南京大学出版社，2001：255.

② 国立大学协会.国立大学法人化についての国立大学协会見解.[EB/OL].（2003-07-14）[2003-10-9]. http://www.kokudaikyo.gr.jp.

③ 天野郁夫. 国立大学・法人化の行方：自立と格差のはざまで[M]. 东京：东信堂，2008：150.

行决定。大学自主确定学术标准，自主招生，教师享有终身教职，在经费许可的范围内自由开展研究活动”。由此形成了英国府学关系的特色，“大学的经费虽然大部分来自政府拨款，但是政府对大学的影响力很小，很少介入大学的办学运行”。[①] 英国府学关系的这样一种传统在 20 世纪 70 年代末开始发生明显变化，其原因主要在于：一方面，高等教育规模不断扩大，进入大众化之后，大学所面临的外部环境、自身运行方式与精英阶段相比有了比较大的改变；另一方面，由于社会、经济等方面出现的种种问题，使得政府改变政策，重视市场、讲究效率的新自由主义、新公共管理理念主导了政府行为。“撒切尔政权的出现，使得在悠久历史中形成的大学自治的传统不得不面临变化的局面。政府立于市场主义，制定了包括把教育看作商品、视学生为顾客、追求效率等内容的法律与政策，以财政问题为中心介入大学事务。”[②]1988 年与 1992 年相继通过的《教育改革法》《继续教育和高等教育法》都体现了政府主导高等教育改革与治理的基本原则。“尽管建立了规范的利益协调机制，但政府对经济利益和市场逻辑的执着使得任何与此相违背的意见或建议都沦为无效，高等教育发展的目标只能与经济目标相契合，政策实施方案只能遵循市场逻辑来展开。政府对大学采取严格问责与集权控制，确保所有资金被用于实现政策目标，而大学却难以在政策制定中发挥关键作用。”[③]

二、我国府学关系的历史性与特殊性

上述府学关系的复杂性告诉我们，府学关系在不同国家表现出来的不同样态及发展趋向与这些国家大学发展的历史传统、国家治理理念和方式、高等教育管理体制、治理结构的性质和特点等有着密切的关系。因此，研究一

---

① 秦由美子.変わりゆくイギリスの大学[M]. 东京：学文社，2001：5.

② 秦由美子.イギリスの大学——対位線の転位による質的転換[M]. 东京：东信堂，2014：93 - 94.

③ 冯磊.英国高等教育治理体系的现代化嬗变[J].复旦教育论坛，2021(3)：89 - 97.

个国家的府学关系现状，就得回溯这个国家大学制度的发展历史，分析大学所处的社会及国家治理环境，厘清府学关系发展变化过程中不仅“使其然”而且“使其所以然”的根本原因。

我国府学关系的历史性，即是要从我国大学制度发展的历史去理解府学关系的性质以及影响府学关系形成、变化的结构要素。虽然我国近代大学产生于19世纪末，已有100多年的历史，但是我国现行的高等教育制度尤其是高等教育治理结构和府学关系的基本框架源自70年前的高等教育改革。众所周知，1949年中华人民共和国成立之后，社会制度的改变促使教育制度也发生了根本性的变革。在高等教育领域，在政府的主导下实施了以“院系调整”为主要内容的大学结构改革和以设置专业为起点的大学教学改革，建立起了适应社会主义计划经济发展的有计划培养人才的大学制度。为保证高等教育全面服务于国家发展需要，政府实施了高度集中、统一领导的高等教育管理体制。这一高等教育管理体制的实质就是，“全国高等学校以由中央人民政府教育部统一领导为原则”①。其具体内容包括，“中央高等教育部根据国家的教育方针、政策与学制，遵照中央人民政府政务院关于全国高等教育的各项决定与指示，对全国高等学校(军事学校除外，以下同)实施统一的领导。凡中央高等教育部所颁布的有关全国高等教育的建设计划(包括高等学校的设立或停办、院系及专业设置、招生任务、基本建设任务)、财务计划、财务制度(包括预决算制度、经费开支标准、教师学生待遇等)、人事制度(包括人事任免、师资调配等)、教学计划、教学大纲、生产实习规程，以及其他重要法规、指示或命令，全国高等学校均应执行”②。

这一高度集中、统一领导的高等教育管理体制(或曰高等教育治理体系)建立之后至20世纪70年代末，其间高等教育发展虽经历了几次大的起

① 中央人民政府政务院.关于高等学校领导关系的决定[C]// 中华人民共和国建国以来高等教育重要文献选编(上).2.

② 中央人民政府政务院.关于修订高等学校领导关系的决定[C]// 中华人民共和国建国以来高等教育重要文献选编(上).56.

伏甚至停摆，但是体制的实质没有发生什么改变。在政府的一些重要文件中，仍然延续着政府对高校管理运行、教育教学集中统一领导的基本原则。譬如，1961 年的《教育部直属高等学校暂行工作条例（草案）》再次强调了政府对高校专业设置、教学计划制订等的决定权。

20 世纪 70 年代末“文化大革命”结束之后，在“改革、开放”方针政策的指引下，我国各个领域开始了自新中国成立以来前所未有的革新与转变。1985 年《中共中央关于教育体制改革的决定》（以下简称《决定》）颁布，《决定》明确提出：“改变政府对高等学校统得过多的管理体制”，“扩大高等学校的办学自主权”，是“高等教育体制改革的关键”。《决定》中关于府学关系的这一论述显然与新中国成立后前 30 余年政府文件中的有关精神及高等教育管理体制运行的实际状况有着重要的不同，即高等学校的办学权力由基本在政府向部分下放、让渡给高校转变，扩大高校办学自主权成为近 40 年来我国高等教育管理体制改革的主要内容，形成了我国大学治理中府学关系变化的基本方向。

1993 年制定的《中国教育改革和发展纲要》进一步具体阐述了府学关系变化的要点。“在政府与学校的关系上，要按照政事分开的原则，通过立法，明确高等学校的权利和义务，使高等学校真正成为面向社会自主办学的法人实体。要在招生、专业调整、机构设置、干部任免、经费使用、职称评定、工资分配和国际合作交流等方面，分别不同情况，进一步扩大高校的办学自主权。”“政府要转变职能，由对学校的直接行政管理，转变为运用立法、拨款、规划、信息服务、政策指导和必要的行政手段，进行宏观管理。”[①]在多年改革的基础上，1998 年 8 月通过的第一部《中华人民共和国高等教育法》将高等学校的 7 方面办学自主权明确地规定在条文中，改革开放后形成的府学关系有了法律依据。2010 年出台的《国家中长期教育改革和发展规划纲

① 中国教育改革和发展纲要[C]//新的里程碑：全国教育工作会议文件汇编.北京：教育科学出版社，1994：74.

要(2010—2020年)》(以下简称《纲要》)提出不仅要继续扩大高校办学自主权,而且要落实高校办学自主权。“政府及其部门要树立服务意识,改进管理方式,完善监管机制,减少和规范对学校的行政审批事项,依法保障学校充分行使办学自主权和承担相应责任。高等学校按照国家法律法规和宏观政策,自主开展教学活动、科学研究、技术开发和社会服务,自主设置和调整学科、专业,自主制定学校规划并组织实施,自主设置教学、科研、行政管理机构,自主确定内部收入分配,自主管理和使用人才,自主管理和使用学校财产和经费。”①

从上述我国府学关系变化过程的简略梳理和对府学关系的现状分析中可以归纳出我国府学关系的两个基本特点:第一,行政性是府学关系成立的基础;第二,政府在府学关系运行中起主导作用。

1. 行政性是府学关系成立的基础。从一些国家府学关系的分析中可以发现,法律化和行政性或许是构成府学关系基础的两种主要因素。“所谓大学与政府关系的法律化,主要指明确大学的法律地位,在法律上规定大学与政府在有关大学设置、管理、办学等方面的权限职责,使大学与政府的关系构筑在法律的基础之上。”②而行政性则指府学关系的构成主要依赖于政府与大学之间的行政归属。这种行政性的表现主要有以下两个方面。其一,大学是政府辖下的机构(主要指在我国占大多数的公立高等学校。2020年全国普通高校2 738所中,公立高校1 908所,占69.7%③)。根据教育部的统计划分,我国公立高校有中央高校与地方高校之分,中央高校隶属中央政府,地方高校隶属地方政府。政府规定了不同层次高校的行政级别,分为副部级高校、厅局级高校和副厅局级高校三档。2013年党的十八届三中全会通过的《中共中央关于全面深化改革若干重大问题的决定》曾经明确提出:

① 国家中长期教育改革和发展规划纲要(2010—2020年)[N].光明日报,2010-07-30(6).

② 胡建华.大学制度改革的法治化问题探讨[J].高等教育研究,2005(2):27-31.

③ 教育部. 2020年教育统计数据·全国基本情况·高等教育学校(机构)数[EB/OL]. [2022-03-03]. http://www.moe.gov.cn/jyb_sjzl/moe_560/2020/quanguo/202108/t20210831_556353.html.

“加快事业单位分类改革，加大政府购买公共服务力度，推动公共事业单位与主管部门理顺关系和去行政化，创造条件，逐步取消学校、科研院所、医院等单位的行政级别。”[①]其二，政府多以文件的方式领导与指导大学办学，文件化是府学关系行政性的恰当写照。“所谓文件化，主要指文件成为维系政府与大学之间关系的重要手段，政府制定有关高等教育发展、大学办学运行、教育教学实施等的文件，大学按照政府的文件规定开展各项活动。”[②]在计划经济时代，高校按照政府制定的政策有计划地培养适应社会经济发展需要的人才，文件成为政府领导高校办学的十分重要的方式与手段。在社会主义市场经济不断发展、高等教育治理结构改革的今天，尽管政府指导高校办学的方式发生了不小的变化，但是文件没有退场，仍然发挥着重要作用。有研究者以某所省属高校为例，分析了政府文件(行政公文)是如何影响高校教学的。在 2017—2019 年的三年间，政府下发到这所高校公开可查的有关教学的文件共 331 份。以政府层级划分，中央政府(涉及 16 个部、委、办等)下发的文件有 73 份，地方政府(涉及 7 个厅、委、办等)下发的文件有 258 份。从文件所具有的行政管理性质来看，数量最多的依次为，任务布置 89 份，荣誉称号 62 份，规则规约 43 份，项目 34 份，竞赛 29 份，绩效考核 26 份，监督检查 19 份等。文件内容覆盖高校教学的全领域，包括教材、教师教育、教学研究、课程、人才培养、实践教学、条件装备、学位授权管理、语言文字、专业建设等。[③] 教学只是高校活动的一个领域，如果扩展到高校的科研、学科建设、研究生教育、招生、就业、思想政治教育、人事、财务、国际交流、后勤……一所高校每年收到的政府文件数量可能就十分可观了。

---

① 中共中央关于全面深化改革若干重大问题的决定[N].光明日报，2013-11-16(2).

② 胡建华.从文件化到法律化：改善大学与政府关系之关键[J].苏州大学学报(教育科学版)，2015(4)：4-6，22.

③ 闫丽霞，周川.政府部门如何管理高校教学——基于 331 份教学类行政公文的内容分析[J].复旦教育论坛，2021(2)：49-55.

2.政府在府学关系运行中起主导作用。在行政性的府学关系中，政府发挥主导作用就是必然的了。我国府学关系运行中政府的主导作用主要体现在以下几个方面。第一，政府与高校在府学关系中处在不同的层级，之间存在着位差。计划经济时代形成的政府与高校的行政上下级关系延续至今没有发生什么实质性的改变。第二，政府主导的全方位。“全能政府”的理念长期以来影响着政府的构成与行为。在市场经济环境中，政府依然事无巨细地管理着许多领域，教育是其中之一。而且在法治观念滞后、法制不健全等因素的作用下，政府行为具有更多的不受约束及随意性。因此有学者认为，需要通过立法“明确政府管理的权限和职责，明晰政府与学校权力（权利）、责任之间的边界”①。第三，政府主导方式的转变。在近年来我国府学关系的发展与变化中，政府主导方式的改变是比较明显的。除了计划经济时代的行政管理方式之外，政府愈来愈多地使用立项拨款、评价问责来贯彻政府的政策意图，规范高校的办学行为。虽然立项拨款、评价问责是适应市场经济条件的高等教育治理方式，但是在立项拨款、评价问责的实施过程中，政府的主导作用也是无处不在。政府规定了项目的设置，项目申报的资格与范围，项目评审的规则，评价的指标体系，评价的实施办法等。这些具有竞争机制的方式“受到政府计划性的支配和管控。即在哪些方面引入市场竞争机制、在多大程度上发挥市场竞争机制的作用，都是由政府管控的，是一种被支配的市场竞争机制，或者说市场竞争机制只是政府计划性治理的一种手段而已”②。

总之，经过改革开放40余年的发展，我国的府学关系发生了比较大的改变，改变的趋向是扩大高校办学自主权。但是由于制度惯性、传统观念、体制约束等因素的影响，扩大高校办学自主权还存在着许多问题与障碍，所以政

---

① 陈学飞.高校去行政化：关键在政府[J].探索与争鸣，2010(9)：63-67.

② 张应强，张浩正.从类市场化治理到准市场化治理：我国高等教育治理变革的方向[J].高等教育研究，2018(6)：3-19.

府不断地强调必须持续改革。如党的十八届四中全会审议通过的《中共中央关于全面推进依法治国若干重大问题的决定》进一步明确了“加快建设社会主义法治国家”的战略任务，提出“深入推进依法行政，加快建设法治政府”，“完善行政组织和行政程序法律制度，推进机构、职能、权限、程序、责任法定化”，“推进各级政府事权规范化、法律化，完善不同层级政府特别是中央和地方政府事权法律制度”。① 从实现高等教育治理体系与治理能力现代化的高度来看，如何改善府学关系将是一个需要长期面对的重要课题。

第二节　大学内部治理与校院关系

在近年来的我国高等教育体制改革中，大学治理是十分重要的课题之一。2013 年颁布的《中共中央关于全面深化改革若干重大问题的决定》指出：“深入推进管办评分离，扩大省级政府教育统筹权和学校办学自主权，完善学校内部治理结构。”“在现代大学治理结构中，虽然外部治理尤其是政府的作用影响着大学的办学行为，但大学内部治理的能力与水平对大学的发展是至关重要的。因此，有必要在研究现代大学治理时，深入地探讨大学内部治理问题。”②大学内部治理中包括组织关系、权力关系、层级关系等多种结构因素，其中校院关系（即学校领导层、管理层与二级学院之间的关系）无疑是关键所在。

---

① 中共中央关于全面推进依法治国若干重大问题的决定[EB/OL]. [2022 - 03 - 05]. http://cpc.people.com.cn/n/2014/1029/c64387-25927606-2.html.

② 胡建华，王建华，陈何芳，等. 大学内部治理论[M].南京：南京师范大学出版社，2019：5.

一、校院关系是大学内部治理的重要环节

在具体探讨现代大学内部治理中的校院关系之前，或许首先应该对学院在大学中的地位与作用做些梳理和分析。众所周知，现代大学是由 12 世纪和 13 世纪诞生的中世纪大学发展而来的。中世纪大学诞生之初，学院就成为大学的组成部分。“从 13 世纪中期以来，除了表示学科或研究领域的原有含义之外，学院意味着教授一门学科（例如，文学、法学、医学或神学）的一个团体。教师和学生既是学院的成员，也是大学馆的成员。在巴黎大学和其他仿效巴黎大学模式的大学中，学院是最重要的分支机构。”[①]学院在大学中的重要性源于其所拥有的构成学术权力主要部分的教育权、人事权和管理权。“学院所拥有的基本权限，在不同时代、不同地域虽然有所变化，但很难说有大的改变。在大学起源时就可以看到学院的主要权限包括：由制定课程与决定学位授予组成的教育权，决定学院内部成员的人事权，以及保障学院正常运转的管理权。”[②]

在大学这样一个以学术传承与研究为主要任务的机构中，学院如何拥有教育权、人事权和管理权，这是由大学以及学院的基本性质所决定的。大学从其诞生时开始就是一个传授知识的机构，大学所传授的知识不是一般的知识，而是“高深学问”。“高深学问”以体系的方式存在与发展，专门性、前沿性是“高深学问”的基本特征。在大学中传授“高深学问”需要依据学问的不同门类组成相应的机构，学院因此而生。作为大学中二级机构的学院与其他一些社会组织（如政府、企业等）中的二级机构相比主要区别在于：学院是基于某一专门领域的“高深学问”而组成的，每所学院在“高深学问”的传授上具有

① 希尔德·德·里德-西蒙斯.欧洲大学史.第 1 卷，中世纪大学[M].张斌贤，程玉红，和震，等译.保定：河北大学出版社，2008：121.

② 児玉善仁，等.大学事典[M].东京：株式会社平凡社，2018：71.

独立性。因此，在某一“高深学问”领域内，承担这一“高深学问”领域传授与研究的学院在传授什么（课程知识）、谁来传授（专任教师）、传授过程如何进行（管理）、学习者的学习成效如何（学位授予）等方面就具有合理、权威的决定权。

中世纪大学产生已历经数百年，大学随着时代的迁移不断发生着变化，但是大学内部的基本组织结构——“大学—学院”没有改变。科学体系随着知识的发展在不断膨胀，但是以学科领域为基础，传授与研究“高深学问”的学院性质没有改变。因此，学院的独立性、学院在大学组织中的重要地位与作用仍然是许多大学办学的基本原则，形塑着大学的内部治理结构。以日本东京大学为例。东京大学是日本第一所仿效欧洲大学模式建立的近代大学，经过140多年的发展，已经成为日本顶尖、世界一流的现代大学。学院在大学中的办学地位与作用清晰地写在东京大学的制度章程中。东京大学的《东京大学基本组织规则》（以下简称《规则》）中关于“学部”（日本大学中的二级机构，与学院相同）的设置及其功能等做了明确的规定。首先，《规则》中列出当下东京大学所设学部包括：法学部、医学部、工学部、文学部、理学部、农学部、经济学部、教养学部、教育学部、药学部。1877年，东京大学成立时设有法学部、文学部、理学部、医学部4个学部，19世纪末期增设工学部与农学部，20世纪50年代之前先后设立了经济学部、教养学部、教育学部、药学部。其次，《规则》明确了学部的重要机构教授会的主要职责权限。“第24条　学部设立教授会。学部教授会审议以下事项，并向学部长提出意见。1. 有关学生入学与毕业的事项；2. 有关学位授予的事项；3. 与学部的教育和研究相关的基本组织、课程编制以及教师选任事项。此外，学部教授会还可依据本规则与其他规则的规定审议与学部教育和研究相关的事项，以及应校长与学部长的要求提出意见。”[①]从这一规定中可以看出，教授会是学部的主要决策机构，拥有招

① 東京大学基本組織規則[EB/OL].［2021-08-10］. https://www.u-tokyo.ac.jp/gen01/reiki_int/reiki_honbun/au07405931.html.

录学生、授予学位、编制课程、选任教师等与学术紧密相关事务的权限。再次,《规则》明确了学部长的选任与职责。“第 25 条　学部设立学部长。学部长负责与学部相关的校务工作,主持学部的教授会,领导所属教职员。学部长由该学部教授担任,由学部教授会提议,经校长任命。学部长的任期另则规定。”①从上述东京大学的相关规定中可以清晰地看到,学院(学部)作为大学中的基本组织仍然保有着在某一学问领域的独立权限,决定谁可以在这一学问领域接受教育,如何传授学问领域的知识,谁可以胜任知识传授的工作等。同时上述规定还明确了学院的内部权力结构,由学院全体教授与副教授组成的教授会是学院的决策机构,教授会不仅决定与教育、研究相关的主要事项,还在选任学院院长的事务中具有重要的提议权。

应该看到,现代大学与几百年前的古典大学相比已经发生了很大的变化。这些变化不仅体现在大学规模的不断扩大(现代大学的师生人数动辄上万,更有一些巨型大学拥有多个校区、数万学生),而且体现在大学的社会功能的不断增加(大学既要承担知识传承与发展这一与生俱来的任务,还要负起应用知识、为社会发展贡献智慧的新的责任)。规模扩大、功能增加促使大学的内部结构、管理体系等产生许多改变。其中引人注目的一点是如何在保障学院的学术独立性的同时,协调大学与学院的关系,完善大学内部治理结构,使大学作为一个办学整体更好地发挥作用。这是近年来一些国家高等教育改革所面临的重要课题之一。众所周知,日本在 2004 年实施了对日本高等教育发展有重要影响意义的“国立大学法人化”改革。国立大学法人化改革的实施基于社会、经济等多种因素的作用,就其内容来看,高等教育治理结构改革是主要着力点。首先,国立大学法人化改变了在高等教育治理结构中政府与大学的关系。日本学者天野郁夫认为,国立大学法人化改革是希望国立

① 東京大学基本組織規則[EB/OL].[2021-08-10]. https://www.u-tokyo.ac.jp/gen01/reiki_int/reiki_honbun/au07405931.html.

大学由“知识共同体”向“知识经营体”转变。[①] 国立大学法人化之前的日本国立大学作为“知识共同体”在享受政府政策优惠的同时，也“受到政府在经费预算、组织、人事等方面的约束，以及来自文部科学省的经常且范围广泛的干预”[②]。所谓“知识经营体”，就是在法人化后政府的约束与干预大幅减少的情况下，各国立大学可以充分发挥自主性与自律性，在竞争的环境中办出特色与个性。其次，国立大学法人化改变了国立大学内部治理结构中的校院关系。“国立大学法人化之后，由于大学办学决定权限的大幅扩大，为了保证大学决策的透明度、合理性，在有关大学办学重要事项的议决上引入了合议制的体制。具体来说，就是设立了议决重要事项的理事会，主要审议经营方面重要事项与方针、由理事和校外有识人士等组成的经营协议会，主要审议教育和科研方面重要事项与方针、由理事和学部长、研究科长等组成的教育与研究评议会。此外，还设有监察国立大学法人办学情况的监事。”[③]理事会、经营协议会、教育与研究评议会的成立及其作用的发挥，尤其是校长权限和影响力的增大（校长是理事会、经营协议会、教育与研究评议会这 3 个机构的负责人），使得国立大学内部治理结构产生了较大的变化，其结果是部分决策权限由学院向学校上移，决策流程由长期形成的“自下而上”向“自上而下”转变。“法人化前的国立大学以自下而上的决策机制为特征，学部、研究所等二级机构有着很大的自治权限，人事权、财权实际上控制在各学部的教授会（教授会自治）手上。”[④]国立大学法人化之后，学校和学部在治理权限方面的变化是比较明显的。譬如，学部长的选任，法人化之前学部长由学部的教授、副教授选举产生；法人化之后学部长由教授会提议、校长任命。再如，政府经费的

① 天野郁夫. 国立大学・法人化の行方：自立と格差のはざまで[M]. 东京：东信堂，2008：147.

② 文部科学省. 文部科学白書：創造的活力に富んだ知識基盤社会を支える高等教育（平成 15 年度）[M]. 东京：国立印刷局，2004：32.

③ 文部科学省. 国立大学法人化後の現状と課題について[EB/OL]. [2021－08－11]. http://www.mext.go.jp/a_menu/koutou/houjin/__icsFiles/afieldfile/2010/07/21/1295896_2.pdf.

④ 天野郁夫. 国立大学・法人化の行方：自立と格差のはざまで[M]. 东京：东信堂，2008：138.

拨款方式，法人化之前，“文部科学省下拨经费是以作为教师组织的讲座或学科目以及由它们构成的学部等为单位，对于政府下拨的经费大学及学部的领导层基本上无权进行再分配，也不能挪作他用”①；法人化之后文部科学省不再按照过去讲座、学部的定额标准下拨经费，而是根据一定的测算将每所国立大学的经费以整体方式划拨，由各大学自己决定如何划分经费。从日本国立大学法人化改革所引起的大学内部治理结构变化可以看出，如何处理校院关系是完善大学内部治理结构的重点所在。一方面要增加大学层面的权力，使大学作为整体提高运行效率，更好适应社会的需要；另一方面要保障学院的学术独立性（这是大学组织的基本所在），使知识传承、学术发展具有良好的氛围与环境。

二、我国大学校院关系的变化与调适

上面所述学院在大学中的地位与作用以及大学内部治理中校院关系的重要性是在大学发展的历史过程中形成的，具有普遍意义。不过，由于不同国家大学生成和发展于不同的历史、文化、制度环境，因此大学中校院关系的样态也各具特色。譬如，可以在以教授组织为核心的大学内部治理模式与董事会领导下的大学内部治理模式中，比较清晰地看到两者校院关系的差异。

我国是近代高等教育的后发国家，在发展过程中不断受到不同外国大学模式的影响。1949 年中华人民共和国成立后，社会制度的根本改变使得我国的高等教育发展走上了一条具有鲜明中国特色的道路。新中国成立后不久，为适应社会主义计划经济发展的需要，政府在高等教育领域开展了一场奠定新中国高等教育体制与制度的改革，建立了以中央政府集中统一领导为主要特征的高等教育管理体制。1952 年，政务院在颁布的《关于修订高等学校领

① 天野郁夫. 国立大学・法人化の行方：自立と格差のはざまで[M]. 东京：东信堂，2008：144.

导关系的决定》中明确了集中统一的高等教育管理原则和中央政府管理高等学校的具体内容。在大学内部，改革后取消了“学院”，“系”成为二级机构。系的性质以及校系关系在政府的文件中也有比较明确的规定。譬如，1961年制定的《中华人民共和国教育部直属高等学校暂行工作条例（草案）》中写道：“系是按照专业性质设置的教学行政组织。系主任是系的行政负责人。系主任在校长的领导下，主持系务委员会和系的经常工作。”“系务委员会是全系教学行政工作的集体领导组织。”“系务委员会由正副系主任、系党总支书记、教学研究室主任及教师若干人组成，由系主任提名，报校务委员会通过，由校长任命。”“系务委员会负责执行学校党委委员会、校务委员会的决议和校长的指示，并且讨论和决定本系工作中的重大问题。”①由上可以看到，在政府集中统一领导的高等教育管理体制下，政府与大学之间的关系具有典型的行政化特征。“大学与政府是在国家行政体制内的下级与上级的关系，政府不仅具有大学学校校长的任免权，而且政府的文件、指令也是大学办学的基本依据，政府对高校办学的直接领导涵盖了从管理到教学的全部领域，大学少有独立办学的权力。”②在这样的高等教育制度环境中，大学内的校院（系）关系也同样具有行政化色彩，如政府文件所规定的，系是学校领导下的二级行政组织，系成为大学内部行政体系的一个层级。

国家实施“改革、开放”的政策之后，随着社会经济体制改革的不断深入及社会主义市场经济体制的建立，我国高等教育发展进入了一个新的阶段，持续不断的改革是新阶段高等教育发展的主要特征之一。1985年发布的《中共中央关于教育体制改革的决定》指出高等教育体制改革的关键是改变政府对高等学校统得过多的管理体制，扩大高等学校的办学自主权。扩大高校办学自主权的实质是政府将办学的有关权力下放、让渡或转移给高校，调整、改

---

① 中华人民共和国教育部直属高等学校暂行工作条例（草案）[C]// 中华人民共和国建国以来高等教育重要文献选编（上）.281.

② 胡建华.大学与政府关系70年（1949—2019）[J].高等教育研究，2019(10)：12－20.

变高校与政府的关系。1993年制定的《中国教育改革和发展纲要》进一步指出："在政府与学校的关系上，要按照政事分开的原则，通过立法，明确高等学校的权利和义务，使高等学校真正成为面向社会自主办学的法人实体。要在招生、专业调整、机构设置、干部任免、经费使用、职称评定、工资分配和国际合作交流等方面，分别不同情况，进一步扩大高校的办学自主权。""政府要转变职能，由对学校的直接行政管理，转变为运用立法、拨款、规划、信息服务、政策指导和必要的行政手段，进行宏观管理。"[①]1998年颁布的第一部《中华人民共和国高等教育法》明确规定了高等学校在7个方面的办学自主权，使得高等学校行使办学自主权有了法律依据。进入21世纪之后，高等教育治理问题开始受到政府、学界、高校的广泛关注。2010年出台的《国家中长期教育改革和发展规划纲要(2010—2020)年》(以下简称《纲要》)明确要求："完善治理结构。公办高等学校要坚持和完善党委领导下的校长负责制。健全议事规则与决策程序，依法落实党委、校长职权。完善大学校长选拔任用办法。充分发挥学术委员会在学科建设、学术评价、学术发展中的重要作用。探索教授治学的有效途径，充分发挥教授在教学、学术研究和学校管理中的作用。加强教职工代表大学、学生代表大会建设，发挥群众团体的作用。加强章程建设。各类高校应依法制定章程，依照章程规定管理学校。尊重学术自由，营造宽松的学术环境。"[②]

在扩大高校办学自主权、高校与政府关系发生部分改变、高校治理结构改革深化的制度变革背景下，校院关系调整与变化就有了必要的基础，校院关系调整本身也成为高校内部治理改革的主要内容。为落实《国家中长期教育改革和发展规划纲要(2010—2020年)》中提出的完善中国特色现代大学制度的任务，教育部实施了一系列的高等教育体制综合改革项目，"试点学院"

① 中国教育改革和发展纲要[C]//新的里程碑：全国教育工作会议文件汇编.北京：教育科学出版社，1994：74.

② 国家中长期教育改革和发展规划纲要(2010—2020年)[N].光明日报，2010-07-30(6).

改革是其中之一。2012 年教育部出台了《教育部关于推进试点学院改革的指导意见》(以下简称《指导意见》),确定了清华大学理学院等 17 个学院为首批试点学院,赋予试点学院改革学生招录与选拔方式、改革人才培养模式、改革教师遴选、考核与评价制度、完善学院内部治理结构等四项任务。《指导意见》还对试点学院改革提出了 24 项支持性措施。如:“允许试点学院自主研究确定本科生招生计划”;“扩大试点学院遴选教师的自主权,提高聘用岗位要求,培养和引进具有国际先进水平的优秀教师和研究团队”;“鼓励试点学院实行聘用制,探索年薪制”;“支持试点学院探索更加符合高等教育特点和人才引进规律的薪酬制度”;“支持试点学院改革院长选拔任用制度,试行教授委员会选举提名院长的办法”;“支持试点学院赋予学术委员会学科建设、学术评价、学术发展中的审议权,在学术成果评价等方面的评定权”;“落实和扩大试点学院教学、科研和管理自主权,支持试点学院依照学院章程自主确定发展规划并组织实施,自主配置各类资源,自主确定内部收入分配,自主设置和调整学科专业”等。[①] 从上述一些支持性措施不难看出,试点学院改革的基本方向是扩大学院的办学自主权,调整校院关系,提升学院在大学办学及内部治理中的地位与作用。

校院关系调整不仅体现在试点学院改革中,而且一些高校在制定章程和实施内部治理改革时也高度关注了这一点。譬如,《北京大学章程》将学院列为教学科研单位,对教学科研单位的性质、作用、组织等做了明确的规定。“教学科研单位是指学校内部教学科研组织机构,主要包括学校直属的学院(系)、研究院(所、中心)。教学科研单位是学校教学科研活动的主体,主要从事教学、研究和社会服务。学校按照权责相宜的理念、职责下沉与权力下放相结合的原则,规范有序地授予教学科研单位相应的管理权限,指导和监督

① 《教育部关于推进试点学院改革的指导意见》提出的 24 项支持性政策措施[N].中国教育报,2013-04-15(5).

其相对独立地自主运行。”[①]又如，上海交通大学把“院为实体”改革作为学校综合改革的三项主要内容之一，改革的目标是形成校院协同发展、充满活力的大学内部治理结构，促进由“校办院”向“院办校”转变，改革的主要措施包括“院系综合预算”和“协议授权”。在这一改革过程中，校院关系将发生变化，学校与学院之间将不再是“简单的行政隶属关系，而是以对组织目标高度认同为前提的紧密型战略同盟关系”。具体来说，“作为紧密型战略同盟，校院之间的责权划分应该是授权方式而非分权方式；校院之间的工作模式应该是协作模式而非指令模式；校院之间的激励方式应该以目标为驱动而非以利益为驱动”。[②]

尽管在完善大学内部治理结构的改革中校院关系已经引起学界的关注，如有学者分析了 92 所大学的章程，发现其中 55 所大学在章程中明确了学校实行“院校两级管理制度”[③]，而且一些高校积极开展了探索调整校院关系的实践，但是长期形成的高校管理行政化特征仍然在高校办学运行过程中产生着影响，甚至发挥着主导作用。“在校院关系上，学校一级处于支配的、主导的和强势的地位，学院一级处于依附的、被支配的和弱势的地位。这种关系不仅体现在学院领导班子的配备上，而且还体现在学院的专业设置、招生、人事招聘、职称晋升、课程与教学管理、科研组织、社会服务、国际交流与合作、资源配置等很多方面。”[④]因此，从我国大学校院关系发展的历史与现状出发，在完善大学内部治理结构中调整校院关系，首先要解决的问题是如何进一步扩大学院的办学自主权。2017 年国务院发布的《国家教育事业发展“十三五”

---

① 北京大学章程[EB/OL]. [2021-08-20]. http://pkunews.pku.edu.cn/xwzh/2015-04/28/content_288462.htm.

② 杨颉.协同治理 协议授权——探索校院二级管理改革新路径[J].中国高教研究，2017(3)：12-16.

③ 张德祥，李洋帆.二级学院治理：大学治理的重要课题[J]. 中国高教研究，2017(3)：6-11.

④ 石中英.大学办学院还是“学院办大学”[N].光明日报，2016-05-10(13).

规划》提出，要“推动高等学校进一步向院系放权”[①]。那么，什么样的权限应该向学院下放，或者说学院需要什么样的办学自主权呢？学院的学术机构性质决定了学院所应拥有的权限首先是与学术直接相关的，譬如依据学术判断招录学生、决定传授知识的内容与过程、评价学生学习成果、选任教师、组建基层学术组织等。其次，学院所应拥有的权限还包括与学术间接相关的。现代学术活动的顺利进行受许多环境因素的影响。为保障学术活动的正常开展，学院还应拥有学术活动管理、学术活动保障等方面的自主权。

大学向学院放权、扩大学院的办学自主权后，学院如何合理运用权力将取决于学院内部的治理结构是否完善。在我国长期形成的大学体制内，学院作为学术机构的学术性受到遮蔽，学院作为行政组织的行政性过于凸显。因此，彰显学术性，使学术性与行政性达到一定程度的平衡是完善学院内部治理结构所要解决的重要课题。所谓彰显学术性，首先在于更好地发挥学术组织（学术委员会、教授委员会等）在有关学术事务方面的决策权和管理权。在彰显学术性的前提下完善学院内部治理结构还要遵循平等、民主的原则（平等、民主是学术组织的基本特性）。只有形成良好的学院内部治理结构，扩大学院办学自主权、调整校院关系的改革才能产生积极的效果，也才能为繁荣学术创造更加合适的制度环境。

第三节　大学内部治理与外部治理

《中共中央关于全面深化改革若干重大问题的决定》指出：“深入推进管

① 国务院关于印发国家教育事业发展“十三五”规划的通知[EB/OL].[2021-08-21]. http://www.moe.gov.cn/jyb_xxgk/moe_1777/moe_1778/201701/t20170119_295319.html.

办评分离，扩大省级政府教育统筹权和学校办学自主权，完善学校内部治理结构。”大学治理毫无疑问是高等教育治理体系中的主要部分，大学治理依据治理主体、内容、方式等的不同又可分为内部治理与外部治理。厘清大学内部治理与外部治理的关系，并在实践中正确对待，这对于构建现代高等教育治理体系和提高大学治理能力具有重要的现实意义。

一、大学内部治理与外部治理关系的实质

有关研究表明，治理的概念在 20 世纪 90 年代兴起于公共管理领域。全球治理委员会 1995 年对治理做出了如下的界定：治理是或公或私的个人和机构经营管理相同事务的诸多方式的总和。它是使相互冲突或不同的利益得以调和并且采取联合行动的持续的过程，包括有权迫使人们服从的正式机构和规章制度，以及种种非正式安排。治理有 4 个规定性特征：治理不是一套规章条例，也不是一种活动，而是一个过程；治理的建立不以支配为基础，而以调和为基础；治理同时涉及公、私部门；治理并不意味着一种正式制度，但确实有赖于持续的相互作用。① 根据这样一种解释，无论是政府、企业还是其他社会机构，在其运转过程中都有一个治理问题，都存在一种治理结构，大学当然也不例外。

尽管治理的概念及有关治理的解释似乎在 20 世纪 90 年代才开始流行于学术界，但是治理的实践，尤其是大学治理的实践或许在早期的大学已经存在。而且大学的治理从一开始就处于各种复杂的关系之中，受到来自大学内外的多种因素的影响。“自高等教育机构创建以来，它们与权力当局之间那些宗教的、政治的或者经济利益的关系问题总是表现得非常复杂，这些问题有些是临时性的，有些则是结构性的。它们引发了关于大学师生是否在教

① 俞可平.治理与善治[M].北京：社会科学文献出版社，2000：270 - 271.

育、科学和管理方面拥有独立性的这一重要和持久的争论”①。

大学作为社会的教育机构、文化机构、研究机构，在其产生与发展的过程中也许比其他社会机构更多地受到来自社会权威机构的影响与制约。在中世纪特定的社会环境下，对中世纪大学的发展产生重要影响的首先当属教会。“在教皇英诺森三世和霍诺留斯三世任职期间，由于意识到像大学这样的新兴组织正在欧洲最为重要的学术中心蓬勃发展，他们发布了越来越详细的有关高等教育管理的法规，目的是对那些最有权威的学校的改革与发展产生影响——这种改革不仅可以规范与这种刚刚出现的教师与学生这一群体的关系，也将涉及到学馆这种组织的每一个具体的细节。”②12 世纪七八十年代，巴黎大学形成之初，由教师与学生结成的“团体”向教会提出了 3 项基本权利要求，即录用新教师的权利；制定规范大学内部活动规则的权利；推选大学与外部权力机构交涉、出庭诉讼等的代表的权利。而这些权利原本是掌握在地方大法官和主教手中的。1231 年，教皇颁发了“特许状”，同意大学“团体”拥有这些权利，巴黎大学遂成为教皇特许的自治机构。③

经历 17、18 世纪大学的“黑暗时期”之后，19 世纪欧洲及美国大学进入了改革的时代。19 世纪初德国柏林大学的建立及 19 世纪下半叶英国与美国大学的改革，使得大学一扫前一两百年的颓萎状态，实现了大学的近代化。大学近代化的显著特征之一是世俗化。世俗化在大学内部的主要表现是：神学院不再拥有中世纪大学时的优越地位，自然科学在大学课程中显得越来越重要，培养牧师不再是大学教育的主要目标等。在大学外部，随着近代国家的崛起，国家机构——政府取代教会成为影响与制约大学发展的权威机构。“在大多数国家，创建公共教育部的首要任务是将高等教育事务列为它们的

① 瓦尔特·吕埃格.欧洲大学史.第 3 卷，19 世纪和 20 世纪早期的大学[M]. 张斌贤，杨克瑞，林薇，等译.保定：河北大学出版社，2014：87.

② 希尔德·德·里德-西蒙斯.欧洲大学史.第 1 卷，中世纪大学[M]. 张斌贤，程玉红，和震，等译.保定：河北大学出版社，2008：95.

③ Jacques Verger.中世の大学[M].大高顺雄，译.东京：みすず书房，1979：31－32.

行政管理职责”,“在学习的规章制度方面,教育的依赖性是十分显著的,它表现为政府要求建立国家标准,不仅是针对医学和法学的职前训练,而且还针对未来的文理学科教师而设定。而且,高等教育机构的现代化需要进行新学科的教学,并废除陈旧学科。在各种教学部门中,从 19 世纪到 20 世纪的政府干预逐步蔓延,甚至是势不可当”。①

由上可知,以教会、政府等为代表的社会(权威)机构对大学的影响是全面而深刻的,不仅影响大学的产生与发展,同时也影响大学的治理。完整的大学治理因此而由内部治理与外部治理两个部分构成。内部治理的主体是大学内的相关机构与人员(如董事会、校长、学术组织等),外部治理的主体则是与大学发展相关的社会(权威)机构,在现代大学治理结构中,外部治理的主体毫无疑问主要是政府。那么,如何理解大学内部治理与外部治理的关系呢？进一步说,大学内部治理与外部治理关系的实质是什么？根据治理的定义和大学治理的实际状况,可以这样认为,围绕着大学办学与发展的一些基本问题,如办学的权力、经费的筹措与分配、大学章程及规则的制定、大学的人事权力等,形成了内部治理与外部治理之间的关系,其关系的实质就是大学治理权的分配和大学治理范围的划分。

二、大学内部治理与外部治理关系的结构

尽管大学治理由内部治理与外部治理两个部分组成或许是一种普遍现象,它不仅存在于几个世纪之前的传统大学中,而且在各国的现代大学制度中也可以看到;但是由于理念的差异、体制的分歧、传统的特性,内部治理与外部治理的关系在不同的大学治理框架内还是存在着一些明显的区别。有些国家大学内部治理与外部治理的关系是显在的,有些国家大学内部治理与

① 瓦尔特・吕埃格.欧洲大学史.第 3 卷,19 世纪和 20 世纪早期的大学[M].张斌贤,杨克瑞,林薇,等译.保定:河北大学出版社,2014:92 - 94.

外部治理的关系是隐晦的;有些国家大学内部治理与外部治理之间的张力过强,有些国家大学内部治理与外部治理之间的张力较弱。如若从关系结构的角度加以分类,是否可以认为,大学内部治理与外部治理关系的结构主要存在着这样两种,即间接影响的结构与直接控制的结构。

所谓间接影响的结构主要指在这种结构中大学外部治理与内部治理之间非权力等级关系,一般不存在外部主导内部的行政支配权,在大学的一些核心权力上(如办学权、人事权、规则制定权等)内部治理组织起决定性作用,或者说大学的治理权主要在大学内部。我们不妨以美国的大学治理为例,对这种间接影响结构的具体情形做一些概略的分析。

众所周知,美国的大学内部治理模式与欧洲不同,以董事会领导大学治理为其主要特征。"董事会的任务是治理(governance),在治理和管理(management)之间存在着一个不同的世界。治理包括:批准院校任务和目标;批准院校政策和程序;任命、审查和支持校长,以及对学科点、活动和资源的监督。"①美国大学的董事会领导治理模式有着悠久的传统与独特的理念。"今日美国大学制度的'董事会管理方式'之特点,早在美国高等教育机构的草创时期,即 17～18 世纪殖民地时代的学院就打下了基础。"②哈佛学院是美国的第一所高等教育机构,1636 年成立之初,设立一个委员会管理,1642 年将委员会改为"监督者委员会"(Board of Overseers),监督者委员会的成员都是校外人士,包括神职人员和政府工作人员(总督、副总督以及其他地方官员)。监督者委员会管理着哈佛学院的一切事务,任命院长,管理财产,雇佣教师,制定规则等。可以这么认为,早期哈佛学院的监督者委员会制度就是美国大学的董事会领导治理模式的开端。独立战争之后,公立的高等教育机构开始出现。"布鲁贝克和鲁迪把托马斯·杰斐逊在 1819 年创立的弗吉尼亚

① 罗纳德·G.埃伦伯格.美国的大学治理[M].沈文钦,张婷姝,杨晓芳,译.北京:北京大学出版社,2010:9.

② 高木英明.大学の法的地位と自治機関に関する研究[M].东京:多贺出版株式会社,1998:145.

大学指定为‘第一所真正的州立大学’。”[①]州立大学虽然在经费来源等方面不同于殖民地时期成立的私立学院，但是在学校的治理方式上两者却基本相同，即建立了董事会领导的治理模式。“与私立学院的董事会是学校设立母体(主要是宗教团体)之意愿的具体化机构一样，州立学院的董事会是州立学院的设立母体——州的意愿的具体化机构。”[②]州立大学建立董事会领导的治理模式，体现了对公有财产实行“民众控制”(popular control)的美国民主主义理念，即对作为州的财产的州立大学必须实施州民代表的集团管理，董事会制度就是这种集团管理的具体体现。

那么，美国大学的外部治理对内部治理是如何施加间接影响的呢？其影响的基本途径或许就是大学董事会。美国大学董事会组成的一条基本原则是“外行支配”(layman control)。“美国大学董事会主要由外行人士组成，是颇具美国特色的机构，它与那些已控制着欧洲高等教育的教育部以及教师行会有着很大的差异。”[③]而州立大学与私立大学在董事会组成上的主要区别是州政府和议会在州立大学董事会的组成过程中起着决定性的作用。州立大学“董事会成员是州长在州参议院的建议和同意下进行遴选的。在一些州，包括密歇根州，未来的董事会成员就像政党候选人一样通过选举产生”[④]。2002 年美国的一项有关州高等教育机构董事会的报告表明，有 25 个州设有协调性的董事会(coordinating boards)，8 个州设有规划型的董事会(planning boards)，15 个州设有治理型的董事会(governing boards)。董事会成员基本上由州长任命，其人数最少为 7 人，最多 32 人，平均 13 人。“各州中的高等教

---

① 罗纳德·G.埃伦伯格.美国的大学治理[M].沈文钦，张婷姝，杨晓芳，译.北京：北京大学出版社，2010:36.

② 高木英明.大学の法的地位と自治機関に関する研究[M].东京：多贺出版株式会社，1998.156.

③ 罗纳德·G.埃伦伯格.美国的大学治理[M].沈文钦，张婷姝，杨晓芳，译.北京：北京大学出版社，2010:3.

④ 罗纳德·G.埃伦伯格.美国的大学治理[M].沈文钦，张婷姝，杨晓芳，译.北京：北京大学出版社，2010:6.

育机构的治理有两种形式：一种是全州只有一个治理所有公立高等教育机构的治理系统，例如阿拉斯加州、佐治亚州和缅因州；一种是像得克萨斯州这样的州，每个高等教育机构拥有单独的治理型董事会。”①州立大学的董事会组成之后就独立行使有关大学治理的职权，如制定政策、选聘校长、决定预算等，以州政府为主体的外部机构对大学治理只能发挥些间接的影响。

在大学内外部治理的间接影响结构中，大学内部组织主要掌握着包括办学权、人事权、规则制定权等在内的大学治理权，这是基于大学自治的基本理念和长期实践。诚如布鲁贝克在《高等教育哲学》中所说：“自治是高深学问的最悠久的传统之一。”“失去了自治，高等教育就失去了精华。”②大学独立自主地决定选聘校长和教师、录取学生、制定章程与规则、实施教育教学活动、开展科学研究与社会服务等，这些就是大学自治的基本内容。

直接控制的结构主要指在这种结构中大学外部治理与内部治理之间存在着权力等级关系，外部治理组织处于支配的地位，在大学的一些核心权力上外部治理组织（在很大程度上）起决定性作用，或者说大学的治理权主要在大学外部。在20世纪50年代初我国大规模高等教育改革后形成的高等教育体制内，或许可以看到这种结构的一些具体表现。

20世纪50年代初，为了适应社会主义计划经济体制的需要，学习苏联经验，在高等教育领域内进行了一场以“院系调整”、建立有计划的人才培养制度为主要内容的大学改革。改革之后建立了以集中统一管理为主要特征的高等教育管理体制。这种管理体制在当时的政府文件中有着详细的说明。例如，1953年中央人民政府政务院颁布的《关于修订高等学校领导关系的决定》明确规定：“中央高等教育部根据国家的教育方针、政策和学制，遵照中央人民政府政务院关于全国高等教育的各项规定与指示，对全国高等学校（军

① 罗纳德·G.埃伦伯格主编.美国的大学治理[M].沈文钦，张婷姝，杨晓芳，译.北京：北京大学出版社，2010：38.

② 约翰·S.布鲁贝克.高等教育哲学[M].王承绪，郑继伟，张维平，等译.杭州：浙江教育出版社，1987：31.

事院校除外，以下同）实施统一的领导。凡中央高等教育部所颁布的有关全国高等教育的建设计划（包括高等学校的设立或停办、院系及专业设置、招生任务、基本建设任务）、财务计划、财务制度（包括预决算制度、经费开支标准、教师学生待遇等）、人事制度（包括人员任免、师资调配等）、教学计划、教学大纲、生产实习规程，以及其他重要法规、指示或命令，全国高等学校均应执行。”①再如，1961 年教育部制定的《中华人民共和国教育部直属高等学校暂行工作条例（草案）》中的有关规定是：“教育部直属高等学校，行政上受教育部领导，党的工作受省、市、自治区党委领导。省、市、自治区党委和学校党委对这些学校的领导，应该根据中共中央、国务院的方针、政策和教育部的各项有关规定办事。”“专业的设置、变更和取消，必须经过教育部批准。……学校必须按照教育部制订或者批准的教学方案、教学计划组织教学工作。……专业设置、教学方案、教学计划、教学大纲和教材要求稳定，不得轻易变动。课程和学科体系的重大改变，必须经过教育部批准。”“高等学校的领导制度，是党委领导下的以校长为首的校务委员会负责制。高等学校的校长，是国家任命的学校行政负责人，对外代表学校，对内主持校务委员会和学校的经常工作。”②从上述这两个政府文件中，我们可以清楚地看到，从校长的任命到教师的调配，从专业的设置到课程的安排，从经费的计划到规则的制定，这些关乎大学治理的核心权力全部在政府的教育行政部门。当然，这种大学内外部治理的直接控制结构不仅体现在政府的文件中，而且也贯彻到了大学治理的实践上。在直接控制结构中，大学与政府是在国家行政体制内的下级与上级的关系，政府的文件、指令是大学办学的基本依据，大学内部组织在很大程度上不具有独立的大学治理权。

以上仅举两例来分析大学内外部治理关系的间接影响结构与直接控制

---

① 中央人民政府政务院.关于修订高等学校领导关系的决定[C]// 中华人民共和国建国以来高等教育重要文献选编(上).56.

② 中华人民共和国教育部直属高等学校暂行工作条例(草案)[C]// 中华人民共和国建国以来高等教育重要文献选编(上).264-268.

结构，或许难免以偏概全。况且，在大学治理的复杂实践中，两种结构之分类本身恐怕也不能覆盖大学治理的全部实际状况。应该这样认为，间接影响结构与直接控制结构是大学内外部治理关系的两种典型的基本结构，在实践中还存在着介于这两种结构之间的一些亚结构。两种结构的分析主要在于，为进一步深入理解大学内部治理与外部治理的关系提供一条思路。

三、大学内部治理与外部治理关系的调整

有学者认为："20 世纪 90 年代以来，扩大大学的权力、政府的直接控制向远程作业的转变、质量保障制度化成为世界大学治理发展的方向，但是基于已有的高等教育、政治结构的差异各国大学治理的发展过程是不一样的。"[①]确实，20 世纪 90 年代以来，在一些国家的大学改革中，可以看到调整大学治理结构是改革的重要领域，只不过在不同的高等教育管理体制内大学治理结构以及大学内外部治理关系的调整方向、内容、方式是有区别的。

众所周知，国立大学法人化是进入 21 世纪以来日本高等教育改革的重头戏。日本高等教育研究学者天野郁夫认为："法人化的实施，使日本国立大学迎来了其 130 余年历史发展上最大的变革期。"[②]国立大学法人化改革自 2004 年实施以来已经历了近 20 年，它给日本国立大学以及日本高等教育整体的发展带来了深刻的变化与长远的影响。国立大学法人化改革无论其起因如何，就其实质而言，是有关大学治理的改革。进一步说，国立大学法人化改革改变了日本国立大学的治理结构，改变了日本国立大学内外部治理的关系。"迄今为止的国立大学虽然政府对其有着各种各样依据大学特性的特别对待，但是本质上被定位于行政组织的一部分。因此，国立大学开展教育与研

① 广田照幸，吉田文，小林傅司，等.組織としての大学——役割や機能をどうみるか[M].东京：岩波书店，2013：79.

② 天野郁夫. 国立大学・法人化の行方：自立と格差のはざまで[M].东京：东信堂，2008：127.

究活动的张力受到国家预算制度和公务员法律的约束。""为了脱离这种国家组织的框架，使国立大学在更大的自主性、自律性与自我负责的基础上更有创意地开展高水平教育与研究活动、造就富有个性色彩的大学，国立大学法人化十分必要。"[①]法人化改革之前，日本的国立大学从法律上讲是政府管辖下的一种行政组织，尽管基于大学自治的理念，日本政府很少干涉大学的内部事务；法人化改革之后，国立大学从国家的行政框架下独立出来，成为法人机构，与政府在法律上建立了平等的关系。不仅如此，在大学治理方面，国立大学法人化改革使政府的治理方式发生了改变。"政府的新的方式就是，要求各国立大学法人根据各自学校的性质与特点以 6 年为一周期确定中期目标，制订中期计划，并征得文部科学省的认可。在一个周期结束之时，各大学有义务将中期目标与中期计划的实现及完成情况向文部科学省设置的国立大学法人评价委员会和设在总务省的独立行政法人评价委员会报告，接受评估。"[②]可以这样认为，法人化改革之前，由于国立大学是政府管辖下的行政组织，因此政府的大学治理主要依靠行政方式，尤其是在大学的经费预算和财政拨款方面；法人化改革之后，"目标—计划—评价—拨款"成为政府大学治理的新方式，即各国立大学依据各校的实际状况与社会需要制定发展目标与发展计划，独立的评价机构对各大学目标是否达成、计划是否实现进行评价，政府根据评价结果决定对各国立大学的财政拨款。在这里，我们可以比较清晰地看到在大学的内部治理与外部治理之间一种间接影响的关系结构。

20 世纪 70 年代末、80 年代初开始，我国的高等教育发展进入了一个新的历史时期，这一时期发展的主要特征就是"改革""开放"。从 1985 年《中共中央关于教育体制改革的决定》颁布以来，高等教育管理体制改革始终是高等教育改革的主要领域。而高等教育管理体制改革的关键词则是"扩大高等学

① 文部科学省. 文部科学白書:創造的活力に富んだ知識基盤社会を支える高等教育(平成 15 年度)[M]. 东京:国立印刷局,2004:29.

② 天野郁夫. 国立大学・法人化の行方:自立と格差のはざまで[M].东京:东信堂,2008:150.

校的办学自主权”。1998 年第九届全国人民代表大会常务委员会第四次会议通过的第一部《中华人民共和国高等教育法》明文规定:“高等学校应当面向社会,依法自主办学,实行民主管理。”同时,《高等教育法》还具体规定了高等学校在制定招生方案、设置和调整学科专业、制定教学计划、选编教材、组织实施教学活动、开展科学研究、技术开发和社会服务、开展与境外高等学校之间的科学技术文化交流与合作、确定教学、科学研究、行政职能部门等内部组织机构的设置和人员配备、管理和使用由举办者提供的财产、国家财政性资助、受捐赠财产等方面拥有自主权。2010 年颁布的《国家中长期教育改革和发展规划纲要(2010—2020 年)》也明确提出:“落实和扩大学校办学自主权。”“高等学校按照国家法律法规和宏观政策,自主开展教学活动、科学研究、技术开发和社会服务,自主设置和调整学科、专业,自主制定学校规划并组织实施,自主设置教学、科研、行政管理机构,自主确定内部收入分配,自主管理和使用人才,自主管理和使用学校财产和经费。”上述 3 份不同时期的重要法律与政策文件对扩大高校办学自主权的意义与具体内容作了明确的规定。如若从治理的角度来看,扩大高校办学自主权的实质就是调整大学治理权与大学内外部治理的关系结构,将 20 世纪五六十年代体制下政府大学治理权的一部分下放给大学,使大学拥有部分的治理权。这样,从一定程度上改变原有的大学内部治理与外部治理的直接控制结构。

当然,我们应该清楚地看到,在推行高等教育治理体系现代化的过程中,尽管完善大学内部治理结构也是重要课题之一,但是我国高等教育治理体系现代化的关键仍是“改变政府对高等学校统得过多的管理体制”,“扩大高等学校的办学自主权”,即调整大学内外部治理的关系,进一步改变大学内部治理与外部治理的直接控制结构。这一大学治理的改革毫无疑问是艰巨的、深刻的,是所谓“深水区”的改革。其艰巨性与深刻性主要体现在改革将触及长期以来形成的“政府为大”的治理观念、“高度集中”的治理体制、“长官意志”的治理行为和“法治淡薄”的治理习惯。我们需要在大学治理的理论和实践

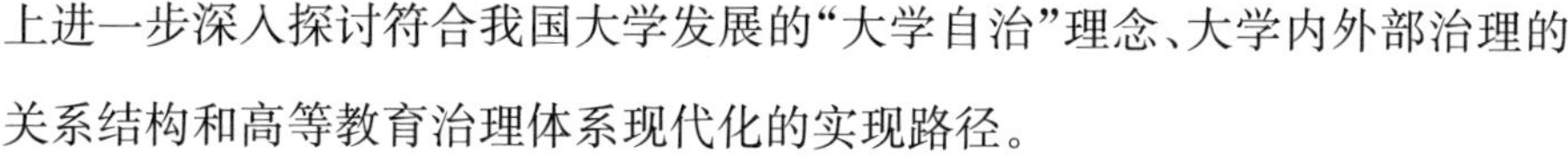

上进一步深入探讨符合我国大学发展的“大学自治”理念、大学内外部治理的关系结构和高等教育治理体系现代化的实现路径。

第四节　科层化与大学学术组织

大学治理是近年来我国高等教育改革中颇为引人关注的重要领域之一。《国家中长期教育改革和发展规划纲要(2010—2020年)》第40条“完善中国特色现代大学制度”首先提到的就是“完善治理结构”。大学治理如若具体分析,可以分为大学外部治理与大学内部治理两个层面。大学外部治理主要指如何协调大学与政府、社会等方面的关系,其核心是大学与政府关系的调整,就我国的实际状况而言,政府改变对大学的管理方式、扩大高校办学自主权是大学外部治理改革的主要内容。大学内部治理主要指如何协调大学内部各种组织、各种权力主体之间的关系,其核心是管理组织与学术组织之间关系的调整、行政权力与学术权力之间的平衡,就我国当下高校内部的实际状况而言,重建以学术文化为本的学术组织、彰显学术权力的作用是完善大学内部治理结构的主要内容。

一、学术组织的科层化及其特征

由于长期以来我国大学处在行政化的制度环境中,因此学术组织的发展与运行存在着不少问题,其中之一是学术组织科层化现象比较突出。众所周知,大学在最初是作为学术组织而产生的。人们对中世纪大学的组织状况做了这样的描述:“一个法人团体、一所大学,其真正有代表性的、合法的行政权力,属于‘全体集会’(general assembly)。基于大学的基本结构,全体集会由教师、教师和学生或者只有学生这三种形式构成，由校长主持（或者如牛津和剑桥那样，由教长主持）”①。进入近代以后，随着大学规模的不断扩大、职能的日益丰富，尤其是“巨型大学”的出现，管理组织逐渐在大学运行中发挥着愈来愈重要的作用。因此，现代大学的组织结构形成了一种“奇特的二重性”，“在大学里同时存在着两种结构：一种是传统的管理科层结构；另一种是教师在其权力范围内对学校有关事务作出决策的结构”②。“有组织的无政府”常被用作对大学学术组织特征的一种概括。在这样的学术组织中，组织成员间的平等、组织运行方式的民主是组织文化的基本内核。“每个人都应该有平等的权力去检验自己不同于专业同行的观点。结果形成了强烈的社团意识，即不论年龄和地位差别，学者必须尊重各自的独立地位。用制度的术语说，它要求有一种结构，其中的成员有平等的权力参与决策，而每个人有权按自己的方式处理问题，只在最低的限度上受学校的支配。”③

那么，学术组织的科层化意味着什么呢？顾名思义，学术组织的科层化即指学术组织的内部结构呈现出科层制的特征。从我国大学学术组织的现状来看，科层化主要表现为学术组织内部的等级结构和学术组织运行的科层色彩。

所谓学术组织内部的等级结构主要指学术组织内部形成了类似于科层制的行政层级，而有权威的等级结构恰是科层制管理组织的主要特征之一。学术组织内部的等级结构首先体现在基层学术组织中。大学中的基层学术组织一般指学院、系、研究所等。长期以来，我国大学的学院、系、研究所等基层学术组织实际上被看作是一级行政组织，院长、系主任、研究所长等是具有

① 希尔德·德·里德-西蒙斯. 欧洲大学史.第1卷，中世纪大学[M]. 张斌贤，程玉红，和震，等译.保定：河北大学出版社，2008：137.

② 罗伯特·伯恩鲍姆.大学运行模式——大学组织与领导的控制系统[M]. 别敦荣，余学峰，张际标，译.青岛：中国海洋大学出版社，2003：11.

③ 转引自张德祥. 高等学校的学术权力与行政权力[M]. 南京：南京师范大学出版社，2002：71－72.

“处级”行政级别的职务，由学校任命，被纳入行政序列。这样，在体制上就形成了院长、系主任、所长→副院长、副系主任、副所长→教师的上下分明的层级结构。尽管近年来一些大学的学院成立了教授委员会，试图发挥教授在学术事务中的作用，但在许多情况下基层学术组织内部的等级结构并没有发生根本的改变，所有教师在基层学术组织的学术事务决策中享有平等权力的制度环境还未形成。其次，学术组织内部的等级结构还体现在学校与学院学术组织的层级上，两者之间形成了事实上的上下级关系。在我国大学的现行治理结构中，已经建立起了一些学术组织，如学术委员会、学位委员会、教师职务评聘委员会等。通常这些委员会设在学校和学院两级，由于学院的院长由学校任命，学院与学校是行政上的上下级关系，因此学院的学术委员会等也就自然而然地被看作是学校学术委员会等的下级机构。学院的这些委员会通过的有关决定一般都不是最终决定，必须得到学校的相关委员会的批准，学校的委员会可以否定学院委员会的决定。

所谓学术组织运行的科层色彩主要指学术组织的构成、运行往往按照科层制的方式。科层制是德国社会学家马克思·韦伯提出的“完全按照理性建立起来的理想化高效率的组织模式的概念”①，明确的目标导向的效率文化是科层制的典型特征。学术组织运行的科层色彩首先体现在学术组织的构成方式及成员结构上。学术委员会是大学的重要学术组织。2014 年 1 月教育部颁布的《高等学校学术委员会规程》明确规定：“学术委员会作为校内最高学术机构，统筹行使学术事务的决策、审议、评定和咨询等职权。”随着我国高等教育改革的不断深入，发挥学术权力的作用日益受到重视，各高校已普遍建立起了学术委员会这样的学术组织。但是学术委员会的委员一般是由学校校长直接任命，学术委员会中具有教授职务的校长、处长、院长占有相当数量甚至多半以上，这种构成方式与成员结构具有浓厚的科层色彩，所建立的

---

① 周进. 由冲突到协调：学术自治与科层制[J]. 江苏高教，2010(1)：18-21.

学术委员会成为科层化的学术组织。所以,《高等学校学术委员会规程》就学术委员会的成员构成与组成方式也做出了明确的规定。即“担任学校及职能部门党政领导职务的委员,不超过委员总人数的 1/4;不担任党政领导职务及院系主要负责人的专任教授,不少于委员总人数的 1/2”;“学术委员会委员的产生,应当经自下而上的民主推荐、公开公正的遴选等方式产生候选人,由民主选举等程序确定,充分反映基层学术组织和广大教师的意见”。其次,学术组织运行的科层色彩还体现为管理主义盛行,效率文化取代了学术组织应有的学术文化。“过去 40 年中主要的管理运动之一就是高等学校实施了原本为政府机构和企业所创立并被其采用的一系列新的管理制度。……数以百计的专著和文章鼓吹推行各种管理项目,如目标管理、基标管理、全面质量管理等,……这些项目都只是流行一时,并没有能够产生预期的效果,而且与学术组织的价值是不相容的。”①在我国大学的学术管理中,“唯 SCI 现象”“评价工分制”等已经发展到了某种登峰造极的地步。

二、学术组织科层化的成因

学术组织的科层化对于完善大学内部治理结构、完善现代大学制度所产生的负面影响是深刻的,它不仅影响到学术组织的健康发展,使得学术组织失去了应有的特征与作用,成为行政权力的附属,而且还会影响到学术研究的顺利进行,科层的管理方式对知识的自由生产是一种阻碍,且学术组织在科层制的环境中也难以形成良好的学术文化。科层化的学术组织在我国大学的形成与发展有着复杂的影响因素。

首先是制度因素。20 世纪 50 年代初期,在以“院系调整”为主要内容的大学改革的基础上建立起了计划性、统一性、集权性的高等教育管理制度。

---

① 罗伯特·伯恩鲍姆.大学运行模式——大学组织与领导的控制系统[M].别敦荣,余学峰,张际标,译.青岛:中国海洋大学出版社,2003:中译版序·4.

在这样的高等教育管理体制下，高校与其他单位一样是政府管理的下属行政机构，高校与政府的关系是行政上的上下级关系。不仅如此，在高校内部，也建立起了学校—系—教研室的垂直行政系统，高校的行政化由此而来。在行政化的高校体制内，学术组织的行政化成为必然。1956 年制定的《中华人民共和国高等学校章程草案》规定，作为学术组织的高等学校学术委员会的成员得由校长提名、高等教育部批准。尽管自 1985 年《中共中央关于教育体制改革的决定》颁布以来，高等教育体制改革不断深入，高等学校的办学自主权得到扩大，学术组织在高校内部治理中的作用得到重视，但是由于制度的巨大惯性，行政化的高等教育管理体制和大学内部治理结构尚未得到根本上的改变，这成为学术组织科层化的重要制度基础。

其次是观念因素。在中世纪大学产生以来的八九百年的大学历史发展过程中，形成了以学术自由、大学自治为核心的大学理念。诚如在 19 世纪初期德国大学改革中发挥重要影响作用的洪堡所说："大学必须服务于学问的纯粹理念。因此，独立与自由是大学中起主导作用的原理。"①学术自由是学术组织的灵魂所在，学术自由需要具有独立、平等、民主精神的学术组织作为保障。在 20 世纪 50 年代以来的相当长时期内，由于众所周知的体制、政治等因素的影响，学术自由的观念在我国大学里难有立身之处。正是由于学术自由观念的淡漠，才使得我国大学的学术组织缺少了魂灵，与行政组织混为一体。经过"改革、开放"30 多年的发展，人们逐渐认识到，没有彰显学术自由的理念、制度、环境，就难以在知识创新、大学水平提升方面取得卓越的成效。因此，《国家中长期教育改革和发展规划纲要(2010—2020 年)》中明确写道："加强章程建设。各类高校应依法制定章程，依照章程规定管理学校。尊重学术自由，营造宽松的学术环境。"

形成良好的学术文化，学术组织向学术回归，这是学术权力发挥作用的

① 高木英明.大学の法的地位と自治機関に関する研究[M].东京：多贺出版株式会社，1998：12.

基础，也是完善大学内部治理结构的必要所在。而重建以学术为本的学术组织，需要认真分析学术组织的存在状况及问题，厘清影响学术组织的环境与制度因素，让学术组织去科层化。

第五节 行政化与大学治理

大学行政化是近年来我国高等教育界乃至社会舆论颇为关注的话题之一。大学行政化不利于现代大学制度的建设，应该去除大学的行政化，这已成为政府、大学、学界的一种共识。温家宝任总理期间，在2012年9月7日举行的全国教师工作暨“两基”工作总结表彰大会的讲话中就指出：“要倡导教育家办学。教育应当由懂教育的人办，要培养一大批有志于献身教育事业的教育家。不但大学应由教育家来办，中小学也应由教育家来办。要改变学校行政化管理模式，取消学校的行政级别。”[①]2013年11月12日，党的十八届三中全会通过的《中共中央关于全面深化改革若干重大问题的决定》(以下简称《决定》)第四部分“加快转变政府职能”中也明确写道：“加快事业单位分类改革，加大政府购买公共服务力度，推动公共事业单位与主管部门理顺关系和去行政化，创造条件，逐步取消学校、科研院所、医院等单位的行政级别。”大学行政化问题在近几年来的研究、讨论以及舆论批判之后，终于成为政府决策的对象。当然，我们应该清醒地认识到，大学行政化状况的形成非“一日之寒”，大学去行政化也难以一蹴而就。何为大学行政化？大学因何行政化？大学如何去行政化？这些问题仍然需要深入研究、进一步厘清。

① 《温家宝谈教育》编辑组编.温家宝谈教育[M].北京：人民出版社，2013：228.

一、何为大学行政化

探讨大学去行政化，首先应该弄清楚什么是大学行政化，大学行政化的内涵究竟应该包括哪些具体内容，这样才能做到有的放矢。

在近年来的研究与讨论中，关于什么是大学行政化，研究者们有着许多见解。例如，有研究者从概念解析的角度出发，认为："大学行政化，是指大学在管理体制和运行机制方面与行政机关有着基本相同的属性，是按照行政体制的结构和运作模式来建构和运行的。"①将大学行政化视为计划经济体制下形成的大学管理模式，大学行政化包括了大学架构、大学内设机构、大学运行机制等诸多方面的行政化。又如，有研究者从大学中行政权力与学术权力关系的分析出发，认为："如果行政组织具有了主导性、控制性，学术权力受制于行政权力，这就是行政化了。当大学行政组织超出了其应有的从属性、服务性，越过了自己应有的边界，也就产生了大学行政化。"②再如，有学者从宏观与微观这两个维度出发解释了大学行政化："在宏观层面，所谓大学行政化指政府不断加强对大学行政干预的过程，政府依靠行政权力，按照行政手段、行政方式、行政运行机制管理大学，把大学视作政府的下属部门，实现政府即时目标的工具；在微观层面，所谓大学行政化，是指在大学内部管理层不断加强，行政权力不断侵蚀学术权力的过程，大学复制政府管理的科层制，学习企业的管理制度，由大学行政对学术问题做出决策。"③

从现实及已有的研究中，我们可以归纳出对大学行政化的如下一些描述与定义。

第一，从组织学的角度来说，大学与行政机构应是具有不同性质、目的、

① 唐新平.大学行政化的成因分析及其治理[J].现代教育科学，2013(3)：49－54.

② 彭道林.大学行政化的外在表现及其危害[J].国内高等教育教学研究动态，2011(9)：6.

③ 王英杰.大学文化传统的失落：学术资本主义与大学行政化的叠加作用[J].比较教育研究，2012(1)：1－7.

文化、运行机制的两类组织，而大学行政化则指大学这一组织在许多方面"化"同于行政机构，换句话说，行政机构的组织特点渗透进大学，主导了大学的运行方式。

第二，从具体内容来说，大学行政化主要包括管理大学的行政化与大学管理的行政化两个层面。所谓管理大学的行政化，主要指在政府与大学的关系方面，政府视大学为自己管辖的一类机构，多运用行政手段来指导甚至干预大学的内部管理与办学过程。譬如，将大学纳入行政序列，赋予不同层次、水平的大学行政等级；将大学校长、书记作为行政官员职位，甚或任命一些没有大学教育与管理经验的行政干部出任大学领导人。又如，大学教师的任用、职务晋升这些本该属于大学基本权力范围的事务，政府部门也过多地参与，或组织评审，或行使最终决定权。所谓大学管理的行政化，则主要指在大学内部管理过程中，行政权力居于主导地位，大学管理染上了浓厚的行政色彩。诚如美国著名高等教育学者阿特巴赫所说，"随着高等教育大众化和大学行政管理化，随着高等教育领域中行政人员数量增长，高级行政人员的管理权力大大加强，他们控制了预算和学术规划"①。

第三，从概念分析的角度来说，大学行政化是指由于行政对大学的过多干预和行政机构特点对大学的影响，大学变得愈来愈像行政机构，失去了大学作为一种教育机构、学术机构自身所应有的特性。诸如行政权力主导了学术事务，科层制成为学术组织的基础，管理主义侵蚀着学术文化，等等。

二、大学因何行政化

一般说来，研究问题不仅要知其然，而且要知其所以然。对于大学行政化同样如此，只有弄清楚大学行政化的成因以及影响大学行政化过程的因

① 转引自王英杰.大学文化传统的失落：学术资本主义与大学行政化的叠加作用[J].比较教育研究，2012(1)：1-7.

素，才便于对症下药。

我国大学行政化的形成有着不可忽视的历史因素。因此我们在探讨当前大学行政化问题的原因时，首先应从历史的角度去探寻。大学行政化的形成与发展有一个历史的过程，带着历史的惯性。我国大学行政化形成的历史至少可以追溯到1949年中华人民共和国成立之后所进行的高等教育改革，以及在改革基础上建立的高度计划性、统一性、集权性的高等教育制度。在20世纪50年代初建立起来的高等教育制度中，政府与大学是行政上的上下级关系，政府对大学的领导覆盖从人事、财务到教学的全部领域，大学彻底地被行政化了。这样一种高度计划、统一、集权的高等教育管理制度，在20世纪50年代初的形成有其历史的必然性，适应了计划经济体制的需要。直到1985年，《中共中央关于教育体制改革的决定》才开始转变观念，提出“当前高等教育体制改革的关键，就是改变政府对高等学校统得过多的管理体制，在国家统一的教育方针和计划的指导下，扩大高等学校的办学自主权，加强高等学校同生产、科研和社会其他各方面的联系，使高等学校具有主动适应经济和社会发展需要的积极性和能力”①。尽管扩大高校办学自主权的改革在一定程度上改变了在计划经济体制下形成的大学与政府间的关系，但是长期形成的行政化，由于其巨大的历史惯性仍然主导着政府管理大学的实践。

与历史因素在我国大学行政化形成与发展过程中的作用相比，体制因素同样是不可忽视的。毋庸讳言，20世纪50年代初建立的高度计划、统一、集权的高等教育管理体制是大学行政化的重要制度基础。1985年《中共中央关于教育体制改革的决定》颁布之后，高等教育管理体制改革向着分权的方向逐步展开。一是中央政府管理高等教育的权力向地方政府转移，二是政府管理高等教育的权力向高校转移。至1998年，《中华人民共和国高等教育法》将高等学校“自主调节系科招生比例”“自主设置和调整学科、专业”“自主制定

① 郭齐家，雷铣. 中华人民共和国教育法全书[M]. 北京：北京广播学院出版社，1995：69.

教学计划、选编教材、组织实施教学活动”等 7 个方面的自主权明确地规定在法律条文中。但是,由于在长期政府高度集中管理体制下形成的观念、行为模式具有相当大的惯性,更因为体制改革尚不够深入,因此高校与政府的关系仍然处在行政化的模式之中。例如,我们可以比较清晰地看到高校行政机构设置与政府机构的对应关系,这种对应在相当程度上是出于政府的要求,是为了便于政府机构对高校实施“条状管理”。这种现象昭示出政府行政机构对高校办学与教育过程事无巨细的直接参与和领导,具有典型的行政化特征。

如果说体制作为一种显性的存在对大学行政化产生影响作用的话,那么文化则是在更深层面上作用于大学行政化的一种隐性因素。“高等教育与文化的关系比之高等教育与政治、经济、科学的关系,有着更加悠久的历史与传统”,“文化对高等教育的影响比政治、经济、科学对高等教育的影响来得隐蔽与深刻”。[①] 影响大学行政化的文化因素主要体现在两个方面:一是社会“官本位”文化的浸透,二是大学固有文化的缺失。

众所周知,在古代中国就有“学而优则仕”的传统,能否“入仕”成为是否学有成就的主要评判尺度。在当下,基于高度集中、行政化的国家管理模式,政府按照行政序列管理社会组织,按照行政级别管理干部与公职人员,在此之上构筑了一个层级分明的行政管理“金字塔”;不仅如此,在高度集中的行政管理之外,政府还拥有资源配置的绝对权威,因此“官本位”的文化传统得到了进一步的加强,并固化在制度文化之中。在这样的社会文化氛围下,大学行政化的形成就是一种必然了。

我国现代大学是在 19 世纪末学习西方大学制度的基础上发展而来的。源自中世纪的西方大学,在其长期的发展过程中形成了一些区别于其他社会组织的特有的制度与文化。美国著名高等教育研究学者布鲁贝克在《高等教

① 胡建华,陈列,周川,等.高等教育学新论[M].南京:江苏教育出版社,2006:158.

育哲学》一书中这样写道:“自治是高深学问的最悠久的传统之一”,“失去了自治,高等教育就失去了精华”。① 在19世纪初德国柏林大学的创建过程中发挥重要作用的洪堡认为:“大学必须服务于学问的纯粹理念。因此,独立与自由是大学中起主导作用的原理。”②可以这么认为,学术自由与大学自治构成了大学固有文化中最重要的部分,学术自由是大学的精神所在,大学自治是实现学术自由的制度保障。而这样一种大学固有文化虽然在我国近现代大学制度的形成过程中时有体现,但是在20世纪50年代之后的相当长时间内,由于体制、政治等因素的作用,在大学中难觅其踪。

三、大学如何去行政化

从上述有关什么是大学行政化以及影响大学行政化的因素讨论中不难看出,要改变长期以来的行政化模式并非一件易事。好在中央已经将包括大学在内的公共事业单位“去行政化”的任务明确地规定在十八届三中全会通过的《决定》中,这就意味着大学去行政化势在必行。大学如何去行政化?研究者们运用多学科的方法、从多种角度做出了不少有意义的探讨。从根本上来说,大学去行政化的实质或许就是在于两个关系的改变,即改变大学之于政府的从属关系,改变大学内学术权力之于行政权力的从属关系。

大学与政府的关系,这是大学自产生之后始终需要面对的。“从大约八百年前的波隆那大学和巴黎大学起,欧洲的高等教育就面临着受国家和教会控制的问题。随着民族国家在过去几个世纪中的逐渐强大,它已成了占统治地位的机构,在今天世界上的大部分地区,高等教育都已成为国家政府中的一个重要组成部分,受到了立法、行政和司法三个部门性质的制约,并且受到

① 约翰·S.布鲁贝克.高等教育哲学[M].王承绪,郑继伟,张维平,等译.杭州:浙江教育出版社,1987:31.

② 高木英明.大学の法的地位と自治機関に関する研究[M].东京:多贺出版株式会社,1998:12.

了各国政府实施其政治权力的影响。”[①]在现代社会，政府依靠其制定的政策与掌握的资源更加深入、全面地影响着高等教育及大学的发展，尤其是在实施“国家控制的模式”[②]的高等教育体制内（我国应该属于这样一种模式）。如前所述，大学行政化的主要表现之一就是政府将大学视为自己的下辖机构，用行政的手段管理大学，使大学处于一种从属的地位。因此大学去行政化必然首先要求改变大学与政府的这种从属关系。毫无疑问，改变大学与政府关系的主要责任在政府一方。十八届三中全会的《决定》也正是将包括大学在内的公共事业单位去行政化作为“加快转变政府职能”的一项主要任务。改变大学与政府的从属关系要求政府进一步下放权力，扩大高校办学自主权，赋予大学独立的法人地位，用法律规范与约束政府的权力与行为，唯此才能去除大学行政化的体制基础。

改变大学与政府的从属关系是为大学去行政化提供必要的前提条件，而改变大学内学术权力与行政权力的从属关系则是确立大学去行政化的制度环境。学术权力与行政权力的关系是近年来人们讨论较多的一个话题。在西方大学内部治理的发展过程中，学术权力发挥着重要乃至主导的作用。早在中世纪大学产生之初，巴黎大学的教师与学生就为争取大学自治的基本权力与地方大法官和主教展开了斗争，最终获得了录用新教师、制定规范大学内部活动规则、推选大学团体与外部权力机构交涉、出庭诉讼等的代表三项基本权力（这些权力正是学术权力的主要内容）。[③] 在现代大学，学术权力的主要内容可以概括为：“首先，是人事方面的权力，包括大学校长、学校学院院长的选举权，以及教师的聘用权，即校长、院长由教授选举产生，教师的聘任、资格的审定等由教授组织决定。其次，是大学章程、规则的制定权，大学章程

① 约翰·范德格拉夫等.学术权力——七国高等教育管理体制比较[M].王承绪，张维平，徐辉，等编译.杭州：浙江教育出版社，1989：183.

② 弗兰斯·F.范富格特.国际高等教育政策比较研究[M].王承绪，等译.杭州：浙江教育出版社，2001：414.

③ Jacques Verger.中世の大学[M].大高顺雄，译.东京：みすず书房，1979：31－32.

以及所有有关大学运行的规章制度由教授组织制定。第三，是有关大学发展与改革重大事项的决策权，即有关大学发展与改革的重大决策必须由教授组织通过和决定。第四，是开展教育与研究活动的决定权。”①而在我国，在20世纪50年代之后的相当长时间内，大学中只有行政权力，没有学术权力。虽然1998年颁布的《高等教育法》规定了有关高等学校学术委员会的条款，但从实践中看，学术权力与行政权力相比仍然弱小，处于从属的地位。因此，大学去行政化必须充分发挥学术权力的作用，改变学术权力与行政权力的从属关系，促使大学由“行政组织”向学术组织回归。2013年10月，教育部制定的《高等学校学术委员会规程(征求意见稿)》中规定：“高等学校应当依法设立学术委员会，健全以学术委员会为核心的学术管理体系。学术委员会是高等学校的最高学术机构，依据高等教育法第四十二条的规定，根据本规程和学校章程，统筹行使对学术事务的咨询、评定、审议和决策权。”“高等学校应当充分发挥学术委员会在学科建设、学术评价和学术发展等事项上的重要作用，积极探索教授治学的有效途径，尊重并支持学术委员会独立行使职权。”②《高等学校学术委员会规程》的这些规定体现了彰显学术权力的大学精神，成为学术组织充分行使学术权力的重要法规依据。

大学去行政化已经成为我国高等教育改革的一项重要任务，同时也是构建现代大学制度不可缺少的一环。我们应该借鉴国外大学的成功经验，遵循大学自身的发展规律，探索出适合我国国情的大学治理模式与结构。

① 胡建华.关于彰显学术权力的若干问题[J].高等教育研究，2007(10)：27-31.

② 《教育部关于公开征求对〈高等学校学术委员会规程(征求意见稿)〉意见的通知》[EB/OL].[2013-10-23]. http://www.moe.gov.cn/publicfiles/business/htmlfiles/moe/s248/201310/158514.html.

第四章 日本大学改革

“在第二次世界大战结束以来的世界现代高等教育史上，毫无疑问，日本的大学改革与发展是引人注目的事例之一”，“研究战后日本大学的改革与发展，不仅可以从日本这一个例中发现某些带有普遍性的大学发展规律，借以丰富高等教育理论；而且也能从日本大学改革与发展的经验、教训中得到一些对我国高等教育发展有益的借鉴与启示”。[①] 20 世纪 90 年代之后，日本高等教育进入了一个新的改革时期，在这一时期，日本政府出台了多项与高等教育改革相关的法律和政策，大学实施了众多的革新举措，推动着高等教育改革的深入进行与持续发展。

第一节 大学治理与国立大学法人化改革

20 世纪 90 年代初，以“泡沫经济”破灭、18 岁人口数量的持续减少等因素为背景，日本高等教育开始了近代大学制度成立以来的第三次改革。这次改

① 胡建华. 战后日本大学史[M]. 南京：南京大学出版社，2001：1－2.

革的广度与深度不亚于二战之后新制大学制度的建立，建立大学评价制度、实行教师任期制、改造大学课程体系、革新研究生教育制度等一系列改革的实施，对日本高等教育的发展产生了深刻的影响。而 2004 年开始的“国立大学法人化”，则将这场改革推向了一个新的阶段。诚如日本高等教育研究领域的著名学者天野郁夫所言：“法人化的实施，使日本国立大学迎来了其 130 余年历史发展上最大的变革期。”①

一、国立大学法人化的制度革新

自 1999 年开始，在日本学术界、大学界引起广泛关注的国立大学“独立行政法人化”问题，经过 4 年的议论与准备，在 2003 年 7 月 9 日迎来了它的结局——日本国会参议院通过了“国立大学法人法案”。《国立大学法人法》于 2003 年 7 月 16 日公布(法律第 112 号)，当年 10 月 1 日开始实施。根据这一法律的规定，日本的国立大学从 2004 年 4 月起建立国立大学法人制度。《国立大学法人法》所规定的新国立大学制度与既往大学制度相比，具有以下一些明显或者说重大的区别。

1. 毋庸赘言，“在国立大学法人法的规定之下，国立大学从迄今为止的国家行政组织的一部分转变为一种具有独立法人资格的机构”②。《国立大学法人法》将当时全部 89 所国立大学的国立大学法人的名称列表做了详细的规定(如东京大学的法人名称为“国立大学法人东京大学”，京都大学的法人名称为“国立大学法人京都大学”等③)。这种机构性质的改变必然给大学运营、管理等方面带来深刻的影响。

2. 国立大学机构性质改变首先影响到的是大学的办学运营方式，即作为

---

① 天野郁夫. 国立大学・法人化の行方：自立と格差のはざまで[M].东京：东信堂，2008：127.

② 国立大学协会.国立大学法人化についての国立大学协会見解.2003 年 7 月 14 日[EB/OL].[2003－10－09]. http://www.kokudaikyo.gr.jp.

③ 国立大学法人法[EB/OL]. [2003－10－09]. http://www.ron.gr.jp.

独立的国立大学法人在学校办学、运营方面获得了许多超出作为政府下属机构的国立大学所拥有的自主权。而大学办学、运营自主权的充分发挥需要一个与以往国立大学不同的制度化的运营机构,《国立大学法人法》正是着重在这一方面做出了明确的规定。按照《国立大学法人法》,实施法人化改革后的国立大学的运营体制是校长负责,法人组织"理事会"为学校法人的最高权力机构,"经营协议会"与"教育与研究评议会"分别为学校经营事项和教育、研究事项的决策机构。

《国立大学法人法》规定,各国立大学法人设"理事"若干名,包括校长 1 人、监事 2 人,理事 2—8 人(《国立大学法人法》中对全部 89 所国立大学的理事人数根据学校的规模等做了具体的规定,如东京大学、京都大学、名古屋大学等的理事人数为 7 人,综合研究研究生院大学、政策研究研究生院大学等的理事人数为 2 人,等),由校长与理事构成"理事会"。校长在履行学校教育法(1947 年法律第 26 号)第 58 条第 3 款所规定的职务的同时,代表国立大学法人,全权负责其业务。① 不过,校长在对学校的重大事项做出决定之前,必须经过"理事会"的讨论。这些重大事项包括:1. 关于中期目标的意见及年度计划;2. 根据本法律规定必须经文部科学大臣认可或承认的有关事项;3. 预算的编制、执行及决算;4. 该国立大学、学部、学科等重要组织的设置、撤消;5. 其他理事会规定的重要事项。② 理事的职责是辅助校长掌管国立大学法人的事务,校长因故不在或暂缺时理事可行代理校长之责。监事负责监察国立大学法人的业务,并在必要时根据检查结果向校长或文部科学大臣提出意见与建议。

"经营协议会"是专事审议有关国立大学法人经营的重要事项的机构。经营协议会由校长、校长指定的理事和教职员以及对大学具有广博认识的校外人士组成,校长任协议会主席。经营协议会的审议事项为:1. 在对中期目标的意见中有关国立大学法人经营的内容;2. 中期计划及年度计划中有关国立大学法

① 国立大学法人法[EB/OL]. [2003-10-09]. http://www.ron.gr.jp.

② 国立大学法人法[EB/OL]. [2003-10-09]. http://www.ron.gr.jp.

人经营的内容;3. 学校规则(只限于与国立大学法人经营相关的部分)、会计规程、役员的报酬及退职金的标准、教职员的工资及退职金的标准以及与经营有关的重要规则的制定与撤消;4. 预算的编制、执行及决算;5. 与机构及其运营状况的自我评价相关的事项;6. 其他有关国立大学法人经营的重要事项。①

“教育与研究评议会”是专事审议有关国立大学的教育、研究的重要事项的机构。教育与研究评议会由校长、校长指定的理事、部分学部、研究科、附属研究所以及其他教育与研究组织的负责人和根据评议会的规定由校长指定的教职员组成,校长任评议会主席。教育与研究评议会的审议事项是:1. 有关中期目标的意见(除去与国立大学法人经营相关的内容);2. 中期计划与年度计划(除去与国立大学法人经营相关的内容);3. 学校规则(除去与国立大学法人经营相关的部分)以及其他与教育、研究有关的重要规则的制定与撤消;4. 有关教师人事的事项;5. 课程编制的方针;6. 与帮助学生顺利学习而必需的指导、援助有关的事项;7. 有关学生的入学、毕业、学籍以及授予学位的事项;8. 与教育、研究状况的自我评价相关的事项;9. 其他有关国立大学教育、研究的重要事项。②

上述《国立大学法人法》所规定的国立大学运营体制与现有国立大学制度的主要区别在于,大学的运营机构(可以简称为“三会”,即“理事会”、协议会、评议会)变得庞大了。现有国立大学制度中大学只设有评议会,按照《国立学校设置法》的规定,评议会的成员包括校长、学部、研究科、附属研究所的负责人及教师代表,评议会的职责是审议学校办学的方方面面的重要事项。法人化后的国立大学运营机构的庞大,反映了作为独立的法人机构必须加强学校层面的管理和领导这样一种思虑。学校层面权力的加强,势必削弱学部的权限,这将与日本国立大学长期以来形成的“学部自治”的理念及实践产生冲突。

3. 法人化后的国立大学运营体制的另一个重要特点是校外人士加入大

① 国立大学法人法[EB/OL].[2003-10-09]. http://www.ron.gr.jp.

② 国立大学法人法[EB/OL].[2003-10-09]. http://www.ron.gr.jp.

学的管理组织。《国立大学法人法》第14条规定：校长在任命理事及文部科学大臣在任命监事时，所任命的理事与监事中必须包含非该国立大学法人管理者或职员的人员。[①] 此外，如前所述，在“经营协议会”的组成人员中，也必须包括由校长在征求“教育与研究评议会”意见的基础上任命的校外人士，且《国立大学法人法》规定，这些校外人士必须占“经营协议会”委员人数的二分之一以上。“关于新‘国立大学法人’”的咨询报告在解释这一改革措施时认为，让校外人士加入国立大学的管理组织，并在国立大学的运营中发挥作用，将有利于把社会的看法及智慧反映在大学的运营、管理中，建立起一种面向社会的大学运营体制。

其实，早在20世纪40年代末的战后日本大学改革中，文部省就有过让校外人士参与大学管理的设想。在1948年7月提出的《大学法试案要纲》中，文部省设计了由三个层次的管理机构（中央审议会、管理委员会、教授会）构成的大学管理制度。其中管理委员会为设于各大学的最高管理机构。“管理委员会委员13名，其中国家代表3名，由文部大臣任命、经国会认可；都道府县代表3名，由县知事任命、经县议会认可；大学同窗会代表3名，由同窗会选举产生；教授代表3名，由大学教授会选出；加上大学校长。”[②]管理委员会负责审议并决定有关大学运营、管理的一切重要事项。这一《大学法试案要纲》一出台，立刻遭到国立大学的强烈反对，人们认为，设立由校外人士参与的管理委员会不仅破坏了日本大学的传统，而且会产生阻碍大学自治原则落实的危险。正是由于国立大学、学术界等的坚决反对，文部省制定有关国立大学管理法律的努力最终没有获得结果。可以这样认为，在日本的大学理念中，大学自治的基本原则之一是校外人士不得介入大学内部的管理、运营，这也是日本近代大学百余年的一大传统。因此，如何处理校外人士参与大学决策、管理和大学自治的原则、理念之间的矛盾，这是法人化后的日本国立大学必

① 国立大学法人法[EB/OL].[2003-10-09].http://www.ron.gr.jp.

② 胡建华.战后日本大学史[M].南京：南京大学出版社，2001：120.

须面对的一个重要课题。

4. 法人化后的日本国立大学在运营上与以往不同的另一主要方面是由中期目标、中期计划、中期评价组成的目标管理与评价制度。具体来说，文部科学省对各国立大学法人提出中期目标（中期的时间为 6 年），各国立大学法人根据中期目标制订中期计划，期满时由专门评价机构对目标是否实现、计划完成情况如何做出评价，评价的结果将成为下一个中期目标制订（包括财政预算）的基本依据。《国立大学法人法》对中期目标与中期计划的具体内容做了详细的规定。由于评价的结果将对各国立大学今后的发展产生影响，因此在这一目标管理与评价体系中，如何进行评价是一关键。为此，《国立大学法人法》规定，在文部科学省内设立"国立大学法人评价委员会"，该评价委员会的主要任务就是对各国立大学法人的办学状况实施评价。

二、国立大学与政府关系的改变

日本的国立大学法人化，顾名思义首先就是让国立大学具有法人资格。国立大学从非法人到法人的变化意味着国立大学性质与地位的改变。"迄今为止的国立大学虽然政府对其有着各种各样依据大学特性的特别对待，但是本质上被定位于行政组织的一部分。因此，国立大学开展教育与研究活动的张力受到国家预算制度和公务员法律的约束。""为了脱离这种国家组织的框架，使国立大学在更大的自主性、自律性与自我负责的基础上更有创意地开展高水平教育与研究活动、造就富有个性色彩的大学，国立大学法人化十分必要。"[①]不难看出，日本国立大学法人化后的国立大学的性质变化主要在于，国立大学由之前的隶属于政府的行政组织改变为具有法人资格的社会组织；国立大学的地位及国立大学与政府之间的关系由过去的行

① 文部科学省. 文部科学白書：創造的活力に富んだ知識基盤社会を支える高等教育（平成 15 年度）[M]. 东京：国立印刷局，2004：29.

政隶属转变为相对独立（因为法人化后的国立大学仍为“国立”，因此其之于政府的独立只能是相对的）。国立大学与政府之间关系的这种转变，主要体现在大学办学的自立与自律和政府指导并影响大学方式的变化这两个方面。

根据天野郁夫的说法，国立大学法人化改革是希望国立大学由“知识共同体”向“知识经营体”转变。[①] 国立大学法人化之前的日本国立大学作为“知识共同体”在享受着政府的各种照顾的同时，也“受到政府在经费预算、组织、人事等方面的约束，以及来自文部科学省的经常且范围广泛的干预”。[②] 所谓“知识经营体”，就是在法人化后政府的约束与干预大幅减少的情况下，各大学充分发挥自主性与自律性，在竞争的环境中办出富有个性的大学。那么，在2004年以来的法人化改革实践中，大学办学的自主性与自律性是否得到很好的发挥了呢？2010年，日本国立大学“财务・经营中心”依据对全国国立大学校长、负责财务的理事和学部长的问卷调查，提出了一份《关于国立大学法人化后经营・财务状况的研究报告》，其中的一些调查数据在一定意义上可以回答上述问题。

表4－1是根据各国立大学校长对国立大学法人化在各自所在大学产生的效果所作回答的统计。可以看出，虽然在有些项目上国立大学法人化产生了什么样的效果似乎很难判断（如回答“不好说”的比例，学生的意识改革有85.9％，大学整体感的形成有40.0％，财务的健全性有34.1％等），但是在关于大学的自主办学等方面，法人化的正面效果还是得到充分肯定的。表4－1中前两项的比例加起来占多数的项目有：大学的个性化（91.7％），大学竞争力的提高（75.3％），管理运营的合理化、效率化（88.2％），组织的活性化（82.4％），大学的自主性、自律性（82.3％），社会服务活动的扩展（85.9％）、教师的意识

① 天野郁夫. 国立大学・法人化の行方：自立と格差のはざまで[M].东京：东信堂，2008：147.

② 文部科学省. 文部科学白書：創造的活力に富んだ知識基盤社会を支える高等教育（平成15年度）[M]. 东京：国立印刷局，2004：32.

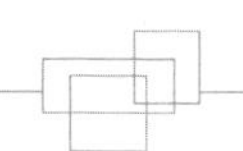

改革(81.2%)、职员的意识改革(81.2%)等。

表 4-1　关于国立大学法人化的效果评价①

比例:%

评价项目	正效果很大	有一定正效果	不好说	有一定负效果	负效果很大
大学的个性化	43.5	48.2	7.1	1.2	0.0
大学竞争力的提高	25.9	49.4	17.6	7.1	0.0
管理运营的合理化、效率化	40.0	48.2	8.2	3.5	0.0
组织的活性化	21.2	61.2	15.3	2.4	0.0
财务的健全性	10.6	36.5	34.1	9.4	9.4
全校一致意见的形成	14.1	44.7	34.1	7.1	0.0
大学的自主性、自律性	37.6	44.7	14.1	3.5	0.0
教师的意识改革	21.2	60.0	16.5	2.4	0.0
职员的意识改革	21.2	60.0	17.6	1.2	0.0
学生的意识改革	1.2	10.6	85.9	2.4	0.0
大学整体感的形成	10.6	43.5	40.0	5.9	0.0
教育活动的活性化	12.9	57.6	23.5	3.5	2.4
研究活动的活性化	16.5	47.1	20.0	12.9	3.5
社会服务活动的扩展	27.1	58.8	12.9	0.0	1.2
学生支援的活性化	21.2	47.1	24.7	3.5	3.5

国立大学与政府关系改变的第二个方面是政府指导、影响国立大学方式的变化。“可以认为,政府的新的方式就是,要求各国立大学法人根据各自学校的性质与特点以 6 年为一周期确定中期目标,制订中期计划,并征得文部科学省的认可。在一个周期结束之时,各大学有义务将中期目标与中期计划的实现及完成情况向文部科学省设置的国立大学法人评价委员会和设在总务

① 引自:国立大学财务・经营中心的《国立大学法人化後の経営・財務の実態に関する研究》一书, 2010 年版第 175 页.

省的独立行政法人评价委员会报告，接受评估。”①也就是说，国立大学法人化改革之后，日本政府指导、影响国立大学不再是过去的一些行政手段，而是用评估的方式，这种评估是建立在各国立大学自己制订的中期目标和中期计划的基础上的。有关国立大学的中期目标、中期计划以及国立大学法人评价委员会的具体规定，都明确地写在《国立大学法人法》中。

2010年，国立大学法人实施的第一个6年周期结束，国立大学法人评价委员会在各国立大学自我评价的基础上进行了评估。国立大学法人评价委员会的评估原则是：“充分考虑大学教育与研究活动的特点，以各国立大学法人的自我评价为基础，就教育、研究、事业运营、财务等内容调查分析各国立大学法人制订的中期目标的实现情况，对国立大学法人的事业总体状况进行综合评价，各国立大学之间不做比较。”②

表4-2是国立大学法人评价委员会2010年对86所国立大学和4个大学共享机构第一期中期目标实现情况的总体评价。评价分为教育、研究等7个领域，评价的标准不是人们常见的一套指标体系，而是以各国立大学自己制订的中期目标及中期计划为依据，评价其目标的达成度。从表4-2反映出来的情况来看，虽然得到后两项评价的只是个别学校，绝大多数大学的评价都在“基本良好”之上，但如果具体分析，各领域之间的评价还是存在差别的。教育和研究的成效一般在短时间内很难有较大的提升，因此“基本良好”的大学占了大多数，尤其是教育，其比例达到86%；而事业运营的改善、效率化，财务状况的改善，自我评价、信息公开等涉及大学管理的领域得到“良好”以上评价的大学占了大多数，这3项良好以上的比例依次为85%、91%、98%，这一方面是因为大学管理领域可以在短时间内通过改革

---

① 天野郁夫. 国立大学・法人化の行方：自立と格差のはざまで[M]. 东京：东信堂，2008：150.

② 国立大学法人评价委员会. 国立大学法人・大学共同利用機関法人の第1期中期目標期間の業務の実績に関する評価の概要[EB/OL]. [2012-10-4]. http://www.mext.go.jp/component/a_menu/education/detail/__icsFiles/afieldfile/2011/05/24/1306345_1.pdf.

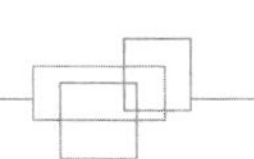

取得比较显著的成效，另一方面恰好说明国立大学法人化改革的主要内容正是大学的管理与运营。

表 4－2　关于国立大学中期目标实现情况的评价①

单位：所

评价领域	十分优秀	良好	基本良好	欠缺	有须重大改进事项
教育(成果、内容、体制等)	1	12	77	0	0
研究(水平、成果、体制等)	4	28	58	0	0
与社会合作、国际交流	2	38	50	0	0
事业运营的改善、效率化	28	48	13	1	0
财务状况的改善	3	79	7	1	0
自我评价、信息公开	0	88	1	1	0
校舍设备完善、安全管理等	3	75	9	3	0

表 4－3 是对国立大学内部的二级单位——学部・研究科第一期中期目标实现情况的评价(由于各学部・研究科的具体情况不同，因此表 4－3 中各领域的评估对象数量是不一样的)。这一评估同样不使用所谓的评估指标体系，而是依据各单位自己设定的预期目标，评估目标的达成度。表 4－3 虽然反映出总体上学部・研究科的教育与研究活动及其所取得的成效达到或者超过了预期目标，但是教育与研究这两者之间的差别仍然存在。关于教育活动及成效的 5 项评估，“达到预期水平”这一评价结果的比例最高，都在 78%以上；而研究活动与研究成果这两项评估，“比预期水平有所提升”与“比预期水平大幅提升”的比例相加接近 50%。这在一定程度上说明了大学中教育活动与研究活动在性质上和认识度上的不同。国立大学法人评价委员会对于各大学中期目标与中期计划的实现及完成情况的评估结

① 国立大学法人评价委员会. 国立大学法人・大学共同利用機関法人の第 1 期中期目標期間の業務の実績に関する評価の概要[EB/OL]. [2012－10－04]. http://www.mext.go.jp/component/a_menu/education/detail/__icsFiles/afieldfile/2011/05/24/1306345_1.pdf.

果不仅公之于众，而且更重要的是成为政府制定指导大学的政策和修订国立大学经费预算的基本依据。

表 4-3　关于学部・研究科第一期中期目标实现情况的评价①

单位：个

评价领域	比预期水平大幅提升	比预期水平有所提升	达到预期水平	比预期水平下降
实施教育的体制	7	122	686	2
教育内容	6	169	641	1
教育方法	7	164	645	1
学生学习成果	6	85	714	12
学生就业、升学	2	78	683	14
研究活动	36	261	322	0
研究成果	29	247	342	1

三、国立大学内部治理结构的变化

国立大学法人化改革对于日本的国立大学来说，最大的变化之一就是建立了一个基于国立大学法人的新的大学内部治理结构。“国立大学法人化之后，由于大学办学决定权限的大幅扩大，为了保证大学决策的透明度、合理性，在有关大学办学重要事项的议决上引入了合议制的体制。具体来说，就是设立了议决重要事项的理事会，主要审议经营方面重要事项与方针、由理事和校外有识之士等组成的经营协议会，主要审议教学方面重要事项与方针、由理事和学部长、研究科长等组成的教育与研究评议会。此外，还设有监察国立大学法人办学情况的监事。”②理事会、经营协议会、教育与研究评议会

① 国立大学法人评价委员会. 国立大学法人・大学共同利用機関法人の第1期中期目標期間の業務の実績に関する評価の概要[EB/OL]. [2012-10-04]. http://www.mext.go.jp/component/a_menu/education/detail/__icsFiles/afieldfile/2011/05/24/1306345_1.pdf.

② 文部科学省. 国立大学法人化後の現状と課題について[EB/OL]. [2012-10-06]. http://www.mext.go.jp/a_menu/koutou/houjin/__icsFiles/afieldfile/2010/07/21/1295896_2.pdf.

这三者就构成了法人化后日本国立大学内部治理结构的主要部分，其中以校长为首的理事会成为大学的最高决策机构。《国立大学法人法》关于这三个机构的产生、构成、职能等都有明确的规定。那么，法人化以来，理事会、经营协议会、教育与研究评议会在大学办学过程中是否发挥了应有的作用呢？

表 4-4 的数据来自于日本国立大学财务・经营中心 2010 年的《关于国立大学法人化后经营・财务状况的研究报告》，是对国立大学校长回答有关问题的统计。可以看出，理事会、经营协议会、教育与研究评议会这三个机构所发挥的作用都得到了国立大学校长比较高的认可，认为这三个机构充分发挥了作用的校长占一半以上，认为这三个机构发挥了作用的校长比例高达 95%以上。

表 4-4 关于理事会等机构作用情况的调查①

比例：%

机 构	充分发挥了作用	发挥了一定的作用	发挥作用不大	基本上没有发挥作用
理事会	77.9	20.9	1.2	0.0
经营协议会	57.0	38.4	4.7	0.0
教育与研究评议会	67.4	29.1	3.5	0.0

理事会、经营协议会、教育与研究评议会的成立及其作用的发挥反映了国立大学法人化改革加强校一级决策权的基本指向。加强校一级决策权的另一重要方面就是充分发挥校长的领导作用。“国立大学法人化的实施，在加强各大学在组织、人事、经费等方面的自主性、自律性的同时，要求校长作为大学办学的最高责任人充分发挥强有力的领导作用和管理才能，因此校长的权限和责任大大增加。”②这与国立大学法人化之前国立大学校长在很多情况下只是扮演“调整者”③的角色（协调学校各项事务、各个部门以及学校与校

① 引自：国立大学财务・经营中心的《 国立大学法人化後の経営・財務の実態に関する研究》一书，2010 年版第 167-168 页。

② 文部科学省. 国立大学法人化後の現状と課題について[EB/OL]. [2012-10-06]. http://www.mext.go.jp/a_menu/koutou/houjin/__icsFiles/afieldfile/2010/07/21/1295896_2.pdf.

③ 天野郁夫. 国立大学・法人化の行方：自立と格差のはざまで[M]. 东京：东信堂，2008：139.

外有关机构之间的关系)形成了鲜明的对比。在日本国立大学财务·经营中心2010年对国立大学校长的调查中,95%以上的校长认为法人化后校长在学校决策、经费预算、校内经费分配方案制订等方面的作用增大了。在给学校决策过程中校长、理事、理事会、经营协议会、教育与研究评议会、全校委员会、部局长会议、学部教授会等人员、机构的影响作用排序时,有60%以上的校长将校长的影响力排在第一位,其比例远远高于其他机构或人员。①

国立大学法人化后理事会、经营协议会、教育与研究评议会的成立,尤其是校长权限和影响力的增大,对国立大学的内部治理产生了深刻的影响,决策权限由学部向学校上移,决策流程由长期形成的"自下而上"向"自上而下"转变。"法人化前的国立大学以"自下而上"的决策机制为特征,学部、研究所等二级机构有着很大的自治权限,人事权、财权实际上控制在各学部的教授会(教授会自治)手上。"②所以,法人化之前的日本国立大学的"大学自治",准确地说应是"学部自治"。这种"学部自治"一方面形成于百余年的大学传统,另一方面以政府的拨款方式为基础。"法人化之前国立大学的经费是由文部科学省依照规定的标准向各大学下拨。教师组织形态(讲座制、学科目制)、教师职称(教授、副教授、助教)、学生类别(本科生、研究生、文科、理科)、学科性质(有实验、没有实验、临床)、经费使用类别(教育与研究经费、管理费、出差费)等,这些是制定经费标准的依据。……文部科学省下拨经费是以作为教师组织的讲座或学科目以及由它们构成的学部等为单位,对于政府下拨的经费大学及学部的领导层基本上无权进行再分配,也不能挪作他用。"③也就是说,每个讲座(实际上是每位教授)及由讲座组成的每个学部的经费由文部科学省直接定额下拨,学校除按规定比例从中划出比较小的一部分作为管理经费外,不能重新分配。这样的经费划拨方式加上自治的传统使得各学部教授会成为

① 引自:国立大学财务·经营中心的《国立大学法人化後の経営·財務の実態に関する研究》一书,2010年版第171-173页。

② 天野郁夫.国立大学·法人化の行方:自立と格差のはざまで[M].东京:东信堂,2008:138.

③ 天野郁夫.国立大学·法人化の行方:自立と格差のはざまで[M].东京:东信堂,2008:144.

实际上的决策机构，它们通过决定各学部的人事、经费等重要办学事项而影响大学的整体办学，大学在一定意义上成为“学部的联合体”。但是，法人化之后文部科学省下拨各国立大学经费的方式发生了很大的变化，不再按照过去讲座、学部的定额标准下拨经费，而是根据一定的测算将每所国立大学的经费以整体方式划拨，由各大学自己决定如何划分经费。尽管法人化之前的经费分配标准仍然是各大学划分经费的基本依据，但具有重要意义的是经费分配权实实在在地掌握在以校长为首的学校决策层手上。大学内部“自上而下”的决策方式因此有了必要的基础。在日本国立大学财务・经营中心 2010 年对国立大学学部长的调查中，有 82.1％的被调查的学部长认为法人化后校长在学部事务决策上的影响力增大了。[①]

当然也应该看到，大学内部治理结构的改革通过一些机构的改组和新机构的设立也许比较容易实施，而新的治理机制的建立则非一蹴而就。日本国立大学的“学部自治”有着百余年的历史传统，深深扎根于教师的思想意识之中。可以这么认为，经过了多年法人化改革的日本国立大学内部治理的现状是：一方面以校长为首的学校决策层的权限较之过去扩大了许多，另一方面“学部自治”“教授会自治”的传统仍然存在。

四、国立大学经费来源的多样化

国立大学法人化是从 20 世纪 90 年代后期开始的独立行政法人化发展而来的，或者说国立大学法人化就是独立行政法人化的一部分，独立行政法人化的直接起因则是缘于日本政府为摆脱“泡沫经济”破灭之后的社会经济困境、应对国内外状况的变化所推行的行政改革。行政改革的主要内容可以归纳为两个方面：一是精简机构，二是精简人员、提高效率。由此不难看出，日

① 引自：国立大学财务・经营中心的《国立大学法人化後の経営・財務の実態に関する研究》一书，2010 年版第 199 页。

本政府推动国立大学法人化改革的动机之一是希望通过提高国立大学的办学效率来削减政府开支,缓解政府的巨额财政赤字压力。国立大学法人化的"制度设计从一开始就包含了效率化系数、经营改善系数等内容,最近又增加了削减人员费用的要求,这些可以充分说明法人化作为政府行政、财政改革一环的基本性质。在这种情况下,各大学为了更加灵活的办学和确保各项活动的正常水平,必须努力地去争取外部资金,增加学校收入"①。从 2004 年法人化改革以来的实际情况来看,正是政府经费的逐渐减少促使各国立大学在节流的同时,注重开源,向经费来源多样化发展。

国立大学法人化之后,日本政府采取了逐渐减少国立大学经常性经费的办法。如表 4-5 所示,国立大学来自政府的经常性经费占总经费的比例自法人化开始的 2004 年起逐年下降,2009 年降到了 40.4%。不仅比例下降,经常性经费的数额也是逐年减少。2004 年至 2009 年每年的政府经常性经费数依次为 11 654 亿、11 451 亿、11 425 亿、11 395 亿、11 318 亿、11 061 亿日元,2009 年比 2004 年减少了 5.1%。②

表 4-5 法人化后国立大学经费收入的变化③

比例:%

年份	2004	2005	2006	2007	2008	2009
政府经常性经费	47.7	46.4	44.8	43.3	42.2	40.4
学生学费	14.6	14.6	14.1	13.5	13.0	12.4
附属医院收入	25.5	26.1	26.2	27.0	27.8	28.6
竞争性资金及外部资金	7.9	9.0	10.2	11.7	12.6	14.1
其他	4.3	4.4	4.6	4.5	4.4	4.4

① 天野郁夫. 国立大学・法人化の行方:自立と格差のはざまで[M]. 东京:东信堂,2008:186.

② 文部科学省.国立大学法人化後の現状と課題について(資料) [EB/OL]. [2012-10-09]. http://www.mext.go.jp/a_menu/koutou/houjin/__icsFiles/afieldfile/2010/07/21/1295896_3.pdf.

③ 文部科学省.国立大学法人化後の現状と課題について(資料) [EB/OL]. [2012-10-09]. http://www.mext.go.jp/a_menu/koutou/houjin/__icsFiles/afieldfile/2010/07/21/1295896_3.pdf.

在政府经常性经费逐年减少的情况下，寻求新的经费来源或者说增加其他来源的经费，成为各国立大学办学必须解决的重要问题。根据文部科学省的统计，法人化后国立大学的经费整体上是逐年增长的。2004 年至 2009 年国立大学每年的总经费依次是 24 454 亿、24 963 亿、25 475 亿、26 330 亿、26 849亿、27 358 亿日元，2009 年比 2004 年增长了 11.9%。[①] 从表 4－5 可以看出，国立大学经费的增长主要归于附属医院收入和竞争性资金及外部资金的增加。附属医院收入占总经费的比例从 2004 年的 25.5%提高到了 2009 年的 28.6%；竞争性资金及外部资金占总经费的比例从 2004 年的 7.9%提高到了 2009 年的 14.1%。从经费的具体数额来看，附属医院收入由 2004 年的 6 245亿日元增加到 2009 年的 7 828 亿日元，增长了 25.3%；竞争性资金及外部资金由 2004 年的 1 936 亿日元增加到 2009 年的 3 872 亿日元，增长了 1 倍。[②] 由于不是所有国立大学都设有附属医院（2012 年日本 86 所国立大学中设有附属医院的大学只有 42 所[③]），获得竞争性资金及外部资金所主要依赖的研究能力和水平在各国立大学之间也是参差不齐，因此，这样的经费来源多样化势必使得日本国立大学之间本来就存在的办学经费、办学能力、办学水平的差距进一步扩大。

在政府经常性经费逐渐减少的情况下，各国立大学不仅要努力增加财源，还要在节约开支上下功夫。节约开支主要体现在与政府经常性经费密切相关的人员经费削减上。依据文部科学省的统计，法人化之后国立大学的人员经费总体上呈逐渐减少的趋势。2004 年国立大学的人员总经费为 10 001 亿日元，2010 年减少到 9 523 亿日元，减少了 4.8%。其中常任教职员的人员

① 文部科学省.国立大学法人化後の現状と課題について(資料)［EB/OL］.［2012－10－09］. http://www.mext.go.jp/a_menu/koutou/houjin/__icsFiles/afieldfile/2010/07/21/1295896_3.pdf.

② 文部科学省.国立大学法人化後の現状と課題について(資料)［EB/OL］.［2012－10－09］. http://www.mext.go.jp/a_menu/koutou/houjin/__icsFiles/afieldfile/2010/07/21/1295896_3.pdf.

③ 引自：国立大学财务・经营中心的《国立大学法人化後の経営・財務の実態に関する研究》一书，2010 年版第 2 页。

经费减少得最多，由2004年的9 308亿日元减少到2010年的8 407亿日元，减少了9.7%。[①] 政府经常性经费的减少给国立大学办学带来了一些负面影响，如2010年国立大学校舍中存在安全隐患、功能障碍等需要维修的有40%左右。[②] 又如，在日本国立大学财务・经营中心2010年的调查中，有65%以上被调查的学部长认为，学校分配给学部用于学生的教育经费和用于教师的研究经费减少了，[③]有89%的国立大学负责财务的理事认为，政府应该增加国立大学经常性经费的拨款，而不是竞争性经费。[④]

从日本国立大学140余年历史发展的角度来看，2004年以来的国立大学法人化改革或许还仅仅是一个“瞬间”。尽管如此，法人化改革的走向逐渐明朗，影响正在显现。在国际竞争日益激烈、日本社会经济复苏困难重重、高等教育适龄人口持续下降、大学发展面临着所谓“冰河期”的诸多不利局面下，国立大学法人化改革究竟会将日本高等教育发展引向何方，这是值得持续关注的。

第二节　“教育再生”政策与高等教育改革

2012年岁末安倍晋三第二次出任日本首相，面临日本经济增长长期低迷、人口老龄化与少子化趋势不断发展、“2011东日本大地震”后灾区重建步履维艰，以及经济全球化带来的挑战与竞争日益加剧的严峻局面。根据经济

---

① 文部科学省. 国立大学法人等の平成22事業年度決算等について[EB/OL]. [2012-10-11]. http://www.mext.go.jp/a_menu/koutou/houjin/detail/__icsFiles/afieldfile/2012/03/29/1319048_01.pdf.

② 文部科学省. 国立大学法人等の平成22事業年度決算等について[EB/OL]. [2012-10-11]. http://www.mext.go.jp/a_menu/koutou/houjin/detail/__icsFiles/afieldfile/2012/03/29/1319048_01.pdf.

③ 引自：国立大学财务・经营中心的《国立大学法人化後の経営・財務の実態に関する研究》一书，2010年版第200页。

④ 引自：国立大学财务・经营中心的《国立大学法人化後の経営・財務の実態に関する研究》一书，2010年版第188页。

合作与发展组织(OECD)的统计与预测,日本0—14岁人口的比例将从2013年的12.9%下降到2060年的9.1%,65岁以上人口的比例将从2013年的25.1%增加到2060年的39.9%。日本GDP占全球GDP的比例将从2011年的6.7%(美国22.7%、中国17%)下降到2060年的3.2%(美国16.3%、中国27.8%)。[①] 因此,如何将解决现实问题与实现长期发展结合起来成为安倍政府施政的重要课题。政府首先确立了"经济再生"的基本方针,成立了"日本经济再生总部",推动改革在经济、社会各领域的广泛开展。接着,基于对教育重要作用的认识,教育是实现人的多样性发展和社会进步的基础,且应对上述严峻局面需要学校尤其是大学培养大批人才,政府决定将"教育再生"作为教育领域改革的基本政策方向。2013年1月15日,为推动"教育再生"政策的制定和实施,日本政府内阁会议决定设立"教育再生实行会议"。"教育再生实行会议"作为一个政府咨询机构(或者说是类政府咨询机构),与以往教育咨询机构的最大不同之处是首相、内阁官房长官、文部科学大臣均参与其中,早稻田大学校长镰田薰任议长,三菱重工业株式会社顾问佃和夫任副议长,成员包括了教育、经济、文化、地方政府等各界人士。[②] "教育再生实行会议"成立之后,多次召开会议研讨日本教育改革问题,仅在成立之后的一年多时间内,就召开会议20次,围绕校园欺凌、教育委员会制度改革、大学教育与全球化人才培养、高中大学衔接与大学招生考试制度改革等提出了4份建议书。"教育再生实行会议"自成立到2019年5月的6年多时间里共提出建议书11份,内容涉及学校教育、社会教育、教师培养、教育经费等诸方面。[③] 以这些建议书为出发点,日本政府先后制定了多项"教育再生"政策,全面推动教育改革的深入开展。

① 文部科学省.文部科学白書(2013年)[M].东京:日経印刷株式会社,2014:30.
② 文部科学省.文部科学白書(2013年)[M].东京:日経印刷株式会社,2014:39-40.
③ 文部科学省.文部科学白書(2018年)[M].东京:日経印刷株式会社,2019:55-58.

一、"教育再生"的高等教育政策

20世纪90年代以来，日本高等教育经历了战后又一次范围广泛、影响深远的改革。"改革的主要背景是工业社会的高度科学化、综合化、信息化发展态势和18岁人口逐渐减少的趋势。改革的主要目标是高等教育管理的弹性化，大学办学的个性化，学习机会、学习形态的多样化，以建立一个适应社会变化、面向21世纪、体现终生教育思想的高等教育体制。"[①]这次改革与以往的改革(如二战之后的"新制大学"制度改革)一样，在改革的策动、实施上体现出"自上而下"的基本特征。即政府提出改革议题，咨询委员会就议题展开调查研究并提出有关咨询报告，政府根据咨询报告制定政策，或修改法规，或制定法律，推动大学实施改革。譬如，因政府的要求，对大学改革具有重要影响作用的大学审议会于1991年2月和5月先后提出《关于改善大学教育》和《关于修订大学基准及学位规则》两份咨询报告，就《大学设置基准》《研究生院设置基准》《短期大学设置基准》《学位规则》等法规的修改方案、大学改革的方向与内容等做出了具体的咨询建议，"以大学审议会咨询报告所提建议为基础，文部省对上述法规作了较大幅度的修改。这些法规的修改正式揭开了90年代日本大学改革之序幕"。[②] 又如，2004年对日本高等教育发展具有深刻影响意义的国立大学法人化改革正式实施。国立大学法人化改革的源头可以追溯到20世纪90年代末日本政府推行的"六大改革"(行政改革、经济结构改革、金融体制改革、社会保障结构改革、财政结构改革、教育改革)，法人化改革是行政改革的重要一环。2000年7月，文部省(现为文部科学省)设立了专事研究国立大学法人化制度的咨询机构——"国立大学独立行政法人化调查研究会议"，该咨询机构在近两年工作的基础上，于2002年3月提交了

① 胡建华.战后日本大学史[M].南京:南京大学出版社，2001:258.
② 胡建华.战后日本大学史[M].南京:南京大学出版社，2001:254.

一份题为“关于新‘国立大学法人’”的咨询报告，以这一咨询报告为基本依据，日本国会于 2003 年 7 月通过了《国立大学法人法》，国立大学自 2004 年 4 月开始建立起国立大学法人制度。

按照这样一种政策制定与改革实施的思路，“教育再生实行会议”成为 2013 年以来推动日本教育改革与发展的关键咨询机构，“是教育改革的引导力量，发挥了重要作用”①。如前所述，“教育再生实行会议”自成立到 2019 年 5 月的 6 年多时间里共提出建议书 11 份，它们是：“关于校园欺凌等问题的对策”(2013)，“关于教育委员会制度的运行方式”(2013)，“关于大学教育的应有发展态势”(2013)，“高中教育与大学教育衔接及大学入学者选拔的应有方式”(2013)，“关于今后的学制改革”(2014)，“关于‘持续学习’社会、全员参与型社会、实现地方创新发展教育的应有态势”(2015)，“关于培养适应时代要求的素养、能力之教育与教师的对策”(2015)，“关于实现教育立国所需教育投入与教育财政的对策”(2015)，“实施让所有学生的能力都能得到发展的教育”(2016)，“为了实施培养有自信力、能够开拓未来的青少年之教育，提高学校、家庭、地域的教育能力”(2017)，“关于适应技术进步的教育革新及新时代的高中改革”(2019)。从这 11 份建议书的题目可以看出，日本政府的“教育再生”政策所涵盖的领域是比较广泛的，从教育理念到学校制度，从基础教育到高等教育，从教育行政管理到教育经费投入，从学校教育到继续教育等。其中，虽然直接涉及高等教育的建议书只有两份，但是“实现教育再生，作为教育的集大成者且与社会紧密相连的大学有着决定性的作用”。②

在第三份建议书“关于大学教育的应有发展态势”中，围绕大学教育如何培养适应全球化需要的人才这样一个中心议题，“教育再生实行会议”提出了高等教育 5 个方面的改革与发展任务。“(1) 推进适应全球化需要的教育环

① 文部科学省.文部科学白書(2015 年)[M].东京：日経印刷株式会社，2016：31.

② 文部科学省.平成 26 年度「大学教育再生加速プログラム」公募要領[EB/OL]. [2020－09－03]. https://www.mext.go.jp/component/a_menu/education/detail/__icsFiles/afieldfile/2014/04/08/1346355_1.pdf.

境建设;(2) 推进能够产出引领社会发展之创新成果的教育与研究环境建设;(3) 加强大学培养学生并向社会输送人才的教育功能;(4) 加强大学的成人教育功能;(5) 加强大学治理改革,通过确立财政基础强化办学基础。"[①]以这些建议为依据,文部科学省一方面以项目形式推动适应全球化趋势的人才培养与科学技术创新,如 2014 年出台了"全球顶尖大学项目"(Top Global University Project)[②];另一方面通过立法,以法律的形式体现政府政策,推动大学改革的深入。譬如,大学治理改革。众所周知,日本 20 世纪 90 年代初开始的新一轮高等教育改革,进入 21 世纪之后大学治理改革成为一重点方向,影响深远的"国立大学法人化"其实质乃是改变国立大学的治理结构。"近十余年来,国立大学法人和公立大学法人制度的导入、以改善学校法人管理运营制度为目的的《私立学校法》以及大学信息公开义务化等重要制度的修订,使得许多大学在校长的领导下实施了多种改革举措。但是,大学的这些改革不一定得到了社会的充分理解。而且,大学在回应社会需要进一步推进改革的过程中,在外部看来尚存在着大学决策的权限与责任者不明确、决策所需时间过长等与大学治理方式有关的问题。因此,完善能够发挥校长领导作用、灵活推进大学改革的体制成为当务之急。"[③]基于上述认识,"教育再生实行会议"提出"加强大学治理改革"的任务,文部科学省在中央教育审议会做出的相关咨询报告的基础上,就大学治理改革问题拟定《学校教育法》和《国立大学法人法》修正案,并在 2014 年 6 月的第 186 次国会上获得通过。《学校教育法》修改的有关大学治理条款主要是关于教授会的职能。原条文规定:"在大学内,为审议重要事项必须设置教授会。"修改后的新条文规定:"在大学内设置教授会。教授会在校长决定下列事项时提出意见。(1) 学生入学、毕业及修完课程;(2) 授予学位;(3) 前两项之外,校长确定有必要听取教授

① 文部科学省.文部科学白書(2013 年)[M].东京:日経印刷株式会社,2014:41.
② 胡建华.日本世界一流大学建设新动向[J].华东师范大学学报(教育科学版),2016(3) 7-9.
③ 文部科学省.文部科学白書(2013 年)[M].东京:日経印刷株式会社,2014:54.

会意见的其他有关教育、研究的重要事项。”①从修改前后的法律条文对比中至少可以看出以下两个方面的不同：一是教授会设置的必要性在降低，新条文中抹去了“必须”的措辞。二是教授会职能规定的改变。原条文中没有列出教授会审议的具体项目，而以“重要事项”一词笼而统之；新条文首先将教授会的“审议”改为“提出意见”，并且列出“提出意见”的具体事项，且限定在与教育、研究有关之内。毫无疑问，《学校教育法》的这一修改，削弱了教授会在大学治理中的地位与作用，旨在加强校长领导，使国立大学法人化后确立的新的大学内部治理结构得到进一步落实与强化。

第四份“建议书”中，“高中教育与大学教育衔接及大学入学者选拔的应有方式”的主要着眼点在于，如何提高高中与大学的教育质量和进一步推进大学招生考试制度改革。“建议书”提出，在高中教育方面，要培养与提升“基础学力”，推进高中教育多样化；在大学教育方面，要严格毕业要求，实现教育内容与方法的“可视化”，强化人才培养功能；在大学招生考试制度改革方面，要向对能力、意向、适应性进行多方面、综合评价的大学入学选拔方式转变。② 众所周知，长期以来日本大学的入学考试由于竞争激烈而有“考试地狱”之说，因此，大学招生考试制度改革成为20世纪90年代初开始的新一轮日本高等教育改革的重要课题之一，受到教育界、社会的广泛关注。大学招生考试制度改革的主要方向是考试方法的多样化、评价标准的多元化、考试机会的多次化。据统计，2019年日本大学招收的本科新生中，依据日本全国大学考试中心入学考试录取的人数为16万，占录取新生总数的27.3%；依据各大学自主入学考试录取的人数为21万，占总数的34.5%；依据AO入学审核（Admissions Office入学审核是日本大学借鉴美国大学招生

① 文部科学省.学校教育法及び国立大学法人法の一部を改正する法律(新旧対照表)[EB/OL].[2020-09-03].https://warp.ndl.go.jp/info:ndljp/pid/11293659/www.mext.go.jp/b_menu/houan/kakutei/detail/__icsFiles/afieldfile/2014/06/30/1349263_03_2.pdf.

② 文部科学省.文部科学白書(2013年)[M].东京：日経印刷株式会社，2014：41.

制度采取的一种不进行学力考试而录取新生的方式。一般由各大学专设的招生办公室运用材料审查、面试、小论文等方法，重点考核学生的能力、适应性等方面。1990年庆应义塾大学首先开始采用AO入学审核，2015年采用这种方式的大学达到534所。[①])与推荐入学审核录取的人数为23万，占总数的38.2%。[②] 不过，考试方法多样化与评价标准多元化也带来了客观标准不足、学力不受重视等问题。因此，依据“教育再生实行会议”建议书所提出的任务，近几年来文部科学省以“学力三要素”(① 知识、技能；② 思考力、判断力、表现力；③ 以主体意识与他人合作学习的态度。[③])的培养与评价为内核，以高中教育、大学教育、大学招生考试三者联动为一体，制定政策，推动“高大衔接”改革不断深入。

二、“教育再生”政策下的高等教育改革举措

现代社会，“当大学的发展由于其规模的巨大愈来愈需要政府的更多投入、大学在社会经济的发展中发挥愈来愈重要的作用，大学已经成为现代社会的‘轴心机构’之时，政府愈来愈趋于运用政策、经费等手段影响大学的发展”[④]。因此，在20世纪90年代以来的世界高等教育改革潮流中，政府运用设立项目、经费支持等手段推动大学改革与发展，以实现政府的经济、社会发展目标成为一些国家高等教育体制的共同特征。日本也是如此。21世纪初，为推进大学的学术研究与提升大学的科学研究水平，日本政府开始实施卓越中心(center of excellence)计划(“21世纪COE计划”)。“21世纪COE计划”的目的非常明确，就是“重点支持在大学的各学术领域内形成具有世界最高

① 児玉善仁，赤羽良一，岡山茂，等.大学事典[M].东京：株式会社平凡社，2018：221.

② 文部科学省.文部科学白書(2019年)[M].东京：日経印刷株式会社，2020：1.

③ 文部科学省.文部科学白書(2019年)[M].东京：日経印刷株式会社，2020：1.

④ 胡建华.变革的逻辑：大学自治与政府统制的角力——20世纪90年代以来的日本大学改革[J].高等教育研究，2014(3)：93-97.

水平的教育、研究基地，以提高研究水平，培养处于世界领先地位的创造性人才，推进具有国际竞争力、凸显个性色彩的大学的建设”。经过申请与评审，2002 年与 2003 年有 85 所大学获批立项 246 个 COE，日本政府两年投入 COE 项目经费 475.02 亿日元。①

近年来，日本政府专项经费支持的项目涵盖了大学改革与发展的诸多领域。例如，大学教育方面的专项有：“大学教育质量提升推进项目”“高质量大学教育推进项目”“特色大学教育推进项目”等；研究生教育方面的专项有：“有组织推进研究生教育改革项目”“有魅力的研究生教育创新项目”“卓越研究生教育基地建设项目”“博士教育课程领先项目”等；高等教育国际化方面的专项有：“推进大学国际化网络建设项目”“全球 COE 项目”“加强大学国际交流合作能力建设项目”等；产学合作方面的专项有：“培养信息技术人才的实践教学建设项目”“适应产业界需求改善与充实教育体制项目”等；服务地方发展方面的专项有：“多大学协同为地方社会培养人才项目”“大学内设地方复兴中心功能完善项目”“地区中心大学推进地方创新项目”等。② 为支持这些大学改革与发展项目，日本政府每年都预算支出一定数额的专项经费。以 2016 年为例，该年政府预算支出的专项经费为 389 亿日元，支持的专项包括“博士教育课程领先项目”(178 亿日元)、“超级全球大学项目”(87 亿日元)、“多大学联合推进共同教育项目”(15 亿日元)、“地区中心大学推进地方创新项目”(40 亿日元)等。③

教育再生政策实施以来，日本政府设立了“大学教育再生战略推进费”，集中专项经费支持大学的改革与发展。“大学教育再生战略推进费(简称‘再

① 胡建华.“科学技术创造立国”政策下的日本大学改革[J].北京大学教育评论，2004(2)：97－102.

② 文部科学省.国公私立大学を通じた大学教育再生の戦略的推進[EB/OL].[2020－09－10].https://www.mext.go.jp/a_menu/koutou/kaikaku/index.htm.

③ 文部科学省.平成 28 年度大学教育再生戦略推進費：大学教育再生加速プログラム[EB/OL].[2020－09－10].https://www.mext.go.jp/component/a_menu/education/detail/__icsFiles/afieldfile/2016/03/29/1369002_11.pdf.

推费')是依据中央教育审议会等提出的政策课题而专门设立的引导型补助经费,重点支持以下两个方面的项目:(1) 为提升我国高等教育、学术研究的地位,飞跃性地提高能够开展世界顶尖水平教育、研究活动之大学的功能;(2) 为完善大学教育、提高教育质量,开发与实施具有革新性、先导性的教育和研究项目,迅速支持与推广必须实现的体系改革。"①"大学教育再生战略推进费"的这两个重点支持方向体现了日本政府大学教育再生政策的基本目标:一是面向所有大学,提高日本大学教育的整体水平和质量,以适应日本社会、经济发展的需要;二是面向世界,提高日本一流大学的教育与学术水平,以提升在高等教育国际化潮流中日本大学的影响力。下面以两个专项为例进一步分析大学教育再生政策的具体实施状况。

1. 大学教育再生加速项目。文部科学省于2014年4月启动这一项目,在项目立项指南中首先明确了设立项目的目的。"本项目依据教育再生实行会议第三次建议书和第四次建议书提出的国家高等教育改革方向,重点支持以下方面的改革实践:(1) 积极学习;(2) 学习成果可视化;(3) 招生考试改革与高大衔接。通过这些改革实践以期达到如下目标:(1) 从根本上加强大学的培养人才功能;(2) 向能够对能力、意向、适应性进行多方面、综合评价的大学入学选拔方式转变;(3) 大力推进高中教育与大学教育一体化改革。"②立项指南还对重点支持的3个方面(方向)作了具体的说明。所谓"积极学习"的内容,主要包括采用适当的教学方法促使学生积极、能动地参与学习,以培养学生的认知、伦理、社会能力以及内含教养、知识、经验的通用能力。所谓"学习成果可视化"的内容,主要包括通过大学与学部的教学管理改革,采用多项指标检测学生的学习成果,并依据学习成果进一步改善教学内容与方法。所谓

① 文部科学省.国公私立大学を通じた大学教育再生の戦略的推進[EB/OL]. [2020-09-10]. https://www.mext.go.jp/a_menu/koutou/kaikaku/index.htm.

② 文部科学省.平成26年度「大学教育再生加速プログラム」公募要領[EB/OL]. [2020-09-03]. https://www.mext.go.jp/component/a_menu/education/detail/__icsFiles/afieldfile/2014/04/08/1346355_1.pdf.

"高大衔接"的内容,主要包括高中与大学相互理解对方的教育目标、教育内容与教育方法,在此基础上大力推进高中教育与大学教育的协同合作。立项指南规定,计划2014年3个方向共设立44个项目,其中方向一(积极学习)、方向二(学习成果可视化)、方向三(招生考试改革)各有8项,方向一与方向二混合有16项,方向三(高大衔接)有4项。单个项目年度预算支持经费标准为:方向一、方向二、方向三(招生考试改革)2 000万日元(最多不超过4 000万日元),方向一与方向二混合2 800万日元(最多不超过5 600万日元),方向三(高大衔接)1 800万日元(最多不超过3 600万日元)。项目完成期限原则上为3年,最长不超过5年。项目指南公布之后,遂进入项目申请与评审阶段。指南规定,项目申请必须以学校为单位,校长为项目责任人,每校只能申请一个项目。共有254所高等教育机构(包括四年制大学、短期大学、高等专门学校)提出了立项申请,其中四年制大学有203所,短期大学有32所,高等专门学校有19所;国立高等教育机构有61所,公立高等教育机构有26所,私立高等教育机构有167所。① 文部科学省为使立项工作公开、公正地顺利进行,制定了项目评审规则、评审程序与评审标准,成立了"大学教育再生加速项目委员会",委员会有成员17人,由大学校长、教授等组成,具体负责立项评审工作。项目评审分为两个阶段:第一阶段为材料评审,评审专家有70人,按照立项数的1.5～2倍数量遴选,参加第二阶段的评审项目;第二阶段为面试评审。"大学教育再生加速项目委员会"依据两阶段评审的结果决定立项推荐名单,报文部科学省批准。② 经过申报、评审,2014年度的"大学教育再生加速项目"共立项46项,其中方向一有9项,方向二有8项,方向一与方向二混

① 文部科学省.平成26年度「大学教育再生加速プログラム」申請状況[EB/OL].[2020-09-12]. https://www.mext.go.jp/component/a_menu/education/detail/__icsFiles/afieldfile/2014/06/02/1348267_1_1.pdf.

② 文部科学省.平成26年度「大学教育再生加速プログラム」審査要項[EB/OL].[2020-09-12]. https://www.mext.go.jp/component/a_menu/education/detail/__icsFiles/afieldfile/2014/04/08/1346355_7.pdf.

合有 21 项，方向三（招生考试改革）有 3 项，方向三（高大衔接）有 5 项。[①]

文部科学省在 2015 年与 2016 年又进行了两次“大学教育再生加速项目”新方向的立项工作。2015 年重点支持的立项方向是“长期校外学习项目”（方向四）。设立这一方向的主要目的在于，“推进完善有利于学生在国内外开展多样化长期体验活动的体制”，学生校外的长期体验活动将有助于“培养具有发现问题能力、研究问题能力、任务执行能力等‘社会人基础能力’和‘通用基础能力’的人才”[②]。立项指南规定计划立项 12 项左右，单项年度预算支持经费为 2 000 万日元（最多不超过 4 000 万日元）。共有 38 所高等教育机构提出了项目申请，经评审批准立项 12 项，其中四年制大学 10 项，短期大学与高等专门学校各 1 项。[③] 2016 年重点支持的立项方向是“加强毕业生质量保障”（方向五）。设立这一方向的主要目的在于，“形成客观衡量毕业生所掌握知识与能力的评价机制，开发能够以更明显的形式向社会展示学生学习成果的有效方法，与校外多方面专家协同构建有助于大学教育质量保障的建言、评价机制”[④]。立项指南规定计划立项 16 项左右，单项年度预算支持经费为 2 500 万日元（最多不超过 5 000 万日元）。共有 116 所高等教育机构提出了项目申请，经评审批准立项 19 项，其中四年制大学有 15 项，短期大学有 3 项，高等专门学校有 1 项。[⑤]

---

① 文部科学省.平成 26 年度「大学教育再生加速プログラム」選定状況[EB/OL].[2020-09-13].https://www.mext.go.jp/component/a_menu/education/detail/__icsFiles/afieldfile/2014/08/20/1350949_1.pdf.

② 文部科学省.平成 27 年度大学教育再生戦略推進費・「大学教育再生加速プログラム(AP)」公募要領～テーマⅣ 長期学外学修プログラム(ギャップイヤー)[EB/OL].[2020-09-15].https://www.mext.go.jp/component/a_menu/education/detail/__icsFiles/afieldfile/2015/03/20/1356108_1.pdf.

③ 文部科学省.平成 27 年度「大学教育再生加速プログラム(AP)」選定状況[EB/OL].[2020-09-15].https://www.mext.go.jp/component/a_menu/education/detail/__icsFiles/afieldfile/2015/07/31/1360495_1.pdf.

④ 文部科学省.平成 28 年度大学教育再生戦略推進費・大学教育再生加速プログラム(AP)「高大接続改革推進事業」公募要領～テーマⅤ 卒業時における質保証の取組の強化[EB/OL].[2020-09-15].https://www.mext.go.jp/component/a_menu/education/detail/__icsFiles/afieldfile/2016/03/29/1369002_1.pdf.

⑤ 文部科学省.平成 28 年度大学教育再生加速プログラム(AP)「高大接続改革推進事業」選定状況[EB/OL].[2020-09-15].https://www.mext.go.jp/component/a_menu/education/detail/__icsFiles/afieldfile/2016/07/28/1374751_1.pdf.

“大学教育再生加速项目”三年(2014—2016年)共立项77项。从获得立项的77所高校中至少可以看出如下的特点:“和过去实施的GP项目相比,国、公立高等教育机构的比例比较低,私立高等教育机构的比例较高(77所立项高等教育机构中,私立高等教育机构45所,占总数的58%。),这表明教育改革在各类院校中广泛展开。还有一点是,不少财政基础较弱、规模较小的院校获得了立项。”[①]可以认为,“大学教育再生加速项目”体现了日本政府大学教育再生政策的基本目标之一,即面向所有大学,提高大学教育的整体水平和质量。

2. 卓越研究生院项目。这一项目是文部科学省2018年开始设立的新项目。项目立项指南中关于该项目设立的目的、意义等有着清晰的说明。设立该项目是为了解决日本高水平人才培养遇到的一些现实问题。指南指出,日本近年来出现了优秀青年不考博士研究生这样一种“远离博士”的状况,这种状况将可能引起未来国家整体知识创造能力低下、科技创新的国际竞争力衰弱等严重问题。因此,“卓越研究生项目”的主要目的在于“培养能够主导新知识的创造与应用、创造引领未来的价值、且能够挑战解决社会课题、为社会带来创新的博士人才(高水平的‘知识专家’)”[②]。为凸显项目的卓越性,指南规定了重点支持的4个领域。(1) 在国际上具有优势的研究领域;(2) 能够在社会上创造多种价值与体系的文理交叉、跨学科的新领域;(3) 能够成为未来产业结构核心、形成有利于经济发展新产业的领域;(4) 能够为世界学术发展多样性做出贡献的领域。由于卓越研究生院项目定位于博士研究生培养,因此只有博士学位授予权的大学才能申报。项目指南规定立项第一年单个

① 文部科学省.大学教育再生加速プログラム委員会委員長所見[EB/OL].[2020-09-18]. https://www.mext.go.jp/component/a_menu/education/detail/__icsFiles/afieldfile/2014/08/20/1350950_1.pdf.

② 文部科学省.平成30年度大学教育再生戦略推進費・卓越大学院プログラム公募要領[EB/OL].[2020-09-18]. https://www.mext.go.jp/component/a_menu/education/detail/__icsFiles/afieldfile/2018/06/01/1403375_01.pdf.

项目预算支持经费最高为4.23亿日元,项目完成期限一般为7年。2019年、2020年的项目预算总经费分别是74亿、77亿日元。① 为保证项目评审的公开、公正,文部科学省委托日本学术振兴会下设的"卓越研究生院项目委员会"专门负责项目的评审工作,并在指南中规定了具体的评审规则、标准、方法等。例如,项目评审标准的要点有以下4个方面:"(1) 以高水平'知识专家'为目标,明确制定博士人才培养的具体规格(什么样的研究领域,创造什么样的价值以解决人类社会问题);(2) 从校长负责、构建学校整体体制、实施研究生院改革的视点出发,确保项目实施、成果推广和实践的持续性、发展性;(3) 项目资助期结束后,培养高水平'知识专家'体系的质量不会降低;(4) 为培养高水平'知识专家'应具有的俯瞰能力、独创能力以及高度专业性,构建宽领域、一贯性的课程体系。"②"卓越研究生院项目委员会"还承担着项目执行状况与完成情况的评价工作,指南规定,项目开始后的第四年和项目完成时,须进行中期评价与结项评价,以保证项目的成果质量。

"卓越研究生院项目"分别于2018年、2019年、2020年进行了立项工作。2018年有38所大学申报了54个项目,通过评审立项的是13所大学的15个项目。2019年有29所大学申报了44个项目,通过评审立项的是9所大学的11个项目。两年共有16所大学立项26个,其中仅有1项为私立大学早稻田大学获得,其他25项皆为国立大学所有,充分显示出在日本大学体系中国立大学博士生培养与科学研究的绝对优势。在获得立项的国立大学中,东京大学、东北大学、名古屋大学各有3项,京都大学、大阪大学、东京工业大学、千叶大学各有2项,其余8所大学各有1项。③

① 文部科学省.国公私立大学を通じた大学教育再生の戦略的推進[EB/OL].[2020-09-10].https://www.mext.go.jp/a_menu/koutou/kaikaku/index.htm.

② 卓越研究生院项目委员会.平成30年度「卓越大学院プログラム」審查要項[EB/OL].[2020-09-20].https://www.mext.go.jp/component/a_menu/education/detail/__icsFiles/afieldfile/2018/05/08/1403375_02.pdf.

③ 文部科学省、日本学术振兴会.卓越大学院プログラム[EB/OL].[2020-09-20].https://www.jsps.go.jp/j-takuetsu-pro/data/WISEbrochure_jp.pdf.

从已经立项的26个项目中，或许可以看到“卓越研究生院项目”的以下一些特点。(1) 26个项目中绝大多数是自然科学领域的，只有两个项目以人文社会科学为主，即东京大学的“尖端商法国际卓越研究生院项目”和千叶大学的“培养欧亚大陆全球领导者的应用人文教育项目”。(2) 26个项目计划的博士人才培养基本上是跨学科的。由于推进博士生教育发展是“卓越研究生院项目”的主要目的，因此每个项目在计划中都列出了培养博士生的具体内容，跨学科是其主要特色。例如，东北大学的“人工智能电子工学卓越研究生院项目”计划每年招收博士生25名，由东北大学的6个研究科(日本大学实施研究生教育的二级机构)15个专业招收，其中包括工学研究科的电子工学、电能系统、通信工学、应用物理学、技术社会系统专业，信息科学研究科的信息基础科学、系统信息科学、应用信息科学专业，医学工程学研究科的医学工程学专业，理学研究科的物理学、数学专业，文学研究科的日本学、广域文化学、综合人类学专业，经济学研究科的经济经营学专业等。(3) 26个项目都采取与国内外相关大学、研究机构、企业协同培养博士生的方式。例如，东京大学“尖端商法国际卓越研究生院项目”的协同单位是哈佛大学、北京大学、首尔大学、台湾大学、日立制作所、富士胶片株式会社、软银株式会社、雅虎、日本银行金融研究所。京都大学“尖端光电子器件创新项目”的协同单位有剑桥大学、苏黎世联邦理工学院、柏林洪堡大学、德累斯顿工业大学、成均馆大学、南京大学、量子科学技术研究开发机构、物质与材料研究机构、产业技术综合研究所、电力中央研究所、岛津制作所、日本电产株式会社、三菱电机株式会社、住友电气工业株式会社。“卓越研究生院项目”体现了日本政府大学教育再生政策的另一基本目标，即面向世界，提高日本一流大学的教育与学术水平。

三、“教育再生”政策与高等教育未来发展

教育是事关未来的事业，当下的教育改革和发展与国家、社会的未来息

息相关，因此，未来指向性是教育政策的重要特征之一。2013 年以来，日本政府通过制定“教育再生”政策推动大学改革与发展的同时，也将“大学教育再生”与高等教育的未来发展联系起来，并对日本高等教育的未来走向给予了足够的关注。“在 2017 年 3 月 6 日召开的中央教育审议会总会会议上，文部科学大臣提出了‘关于我国高等教育未来设想’的议题，要求审议会综合研究在‘第四次产业革命’、人口减少社会到来等巨大变化的经济社会中高等教育机构能够发挥什么样的作用，以及从现在到 2040 年的高等教育发展构想。”① 中央教育审议会经过 1 年半以上的调查研究、分析讨论，其间召开总会 4 次、大学分会 12 次、未来构想小组会 30 次、研究生教育小组会 8 次、制度与教育工作小组会 20 次，于 2018 年 11 月 26 日完成咨询报告《面向 2040 年的高等教育大构想》(以下简称《大构想》)。②

咨询报告《大构想》在开篇指出了日本高等教育改革今后发展的三个方向，三个方向的关键词分别可以概括为“学生”“规模”“地方”。所谓“学生”，即高等教育机构要以学生为中心，必须明确学生在学期间能够学到什么，着力实施让学生能够体验到学习成果的教育，为此而完善教育体制，转变质量保障制度。所谓“规模”，即高等教育机构将面临 18 岁人口不断减少的状况，2040 年时日本 18 岁人口将减少到 88 万，相当于现在的 70%左右，各高等教育机构为维持适当的规模必须着力扩大招收社会人与留学生。所谓“地方”，即高等教育发展构想必须要有地方的视点，高等教育机构要回应地方的需求，发挥各自的优势与特色为地方经济社会发展服务。

《大构想》在深入分析日本高等教育的现状与问题，以及与其他一些国家比较存在的差距的基础上，设计了未来 20 年日本高等教育发展的若干重点领域。

---

① 文部科学省.文部科学白書(2018 年)[M]. 东京：日経印刷株式会社，2019：8.

② 中央教育审议会.2040 年に向けた高等教育のグランドデザイン(答申)[EB/OL]. [2020-09-20]. https://www.mext.go.jp/content/20200312-mxt_koutou01-100006282_1.pdf.

1. 向“学生本位”的高等教育转变。未来社会充满着不确定性，高等教育应该培养什么样的人才以适应未来社会的发展，这是首先必须考虑的问题。面对着不断变化的社会发展，高等教育培养的人才“不仅需要具有专业性，而且需要拥有在思考力、判断力、俯瞰力、表现力之基础上宽广的素养和高度的公共性与伦理性，能够适应时代需要支持社会发展、理性地改造社会”①。为了培养这样的人才，高等教育机构必须实施让“每个人的可能性得到最大发展的教育”，从“应该教什么”向“应该学什么”转变，从重视教师的教学方法与内容向重视提高学生自主学习质量转变，从多人数课堂教学为主的传统形式向小班化积极学习和充分利用信息手段的新教学形式转变，从学习评价、升学毕业的“学年主义”人才培养体系，向依据每个人的不同学习达成度实施教学管理的制度转变。

2. 加强高等教育机构与社会的联系。未来 20 年，日本的社会发展将具有以下一些主要特征：第四次产业革命，人工智能、大数据、机器人技术等的广泛应用将使经济社会进入 5.0 时代；平均寿命的不断延长使得日本社会即将进入“人生 100 岁时代”，据预测，日本 2007 年出生的婴儿有 50％可以活到 107 岁，老龄少子化倾向不断发展，0—14 岁人口将由 2015 年的 1 595 万人（占人口总数的 12.5％）下降到 2040 年的 1 194 万人（10.8％），65 岁以上人口将由 2015 年的 3 387 万人（26.6％）增加到 2040 年的 3 921 万人（35.3％）；②全球化社会不断发展，人、财、物等资源在国家间的流动持续扩大，竞争也日趋激烈。面对这样的社会变化，高等教育机构与社会的关系显得愈加重要。未来日本高等教育机构必须加强以下三个方面与社会的紧密联系。

---

① 中央教育审议会.2040 年に向けた高等教育のグランドデザイン（答申）（概説）[EB/OL].[2020－09－22]. https://www.mext.go.jp/component/b_menu/shingi/toushin/__icsFiles/afieldfile/2018/12/17/1411360_9_1_1.pdf.

② 中央教育审议会.2040 年に向けた高等教育のグランドデザイン（答申）参考資料集[EB/OL].[2020－09－22]. https://www.mext.go.jp/component/b_menu/shingi/toushin/__icsFiles/afieldfile/2018/12/17/1411360_10_1_1.pdf.

一是强化研究能力促进社会的科学技术发展。近年来，在激烈的国际竞争环境中，日本的科学研究地位有所下降。例如，1996—1998 年、2006—2008 年、2016—2018 年发表的论文统计显示，这三个时间段日本研究者平均每年发表论文总数依次是 66 036 篇、76 430 篇、81 095 篇，世界排名依次为第二、第四、第五（中国这三个时间段的平均每年论文总数依次是 19 490 篇、95 507 篇、351 628 篇，排名依次为第九、第二、第二）；平均每年发表被引频次排在前 10％的论文数依次是 5 018 篇、5 921 篇、6 745 篇，世界排名依次为第四、第七、第十一（中国的平均每年发表被引频次排在前 10％的论文数依次是 1 089 篇、8 261 篇、42 719篇，排名依次为第十三、第四、第二）；平均每年发表被引频次排在前 1％的论文数依次是 425 篇、539 篇、794 篇，世界排名依次为第五、第七、第十二（中国的平均每年发表被引频次排在前 1％的论文数依次是 85 篇、662 篇、4 692 篇，排名依次为第十六、第五、第二）。① 因此提高研究能力与水平、推动科学前沿研究的不断深入、产出高水平的学术创新成果将是大学科学研究的主要任务。二是加强与产业界的协同合作。一方面大学要在人才培养方面适应产业界的需要、与产业界协作改革人才培养方式，并在重要性日益增大的继续教育领域充分发挥作用；另一方面大学应在治理、研究等领域加强与产业界的协同合作关系，更加有效地利用校内外的各种资源。三是加强与地方的全面合作。高等教育服务于地方社会发展不仅在地方产业、经济发展方面，还应包括地方教育、文化、医疗、基础设施建设等各个领域，高等教育机构要成为地方创新发展的主要支撑力量。

3. 促进高等教育体系的多样化发展。《大构想》提出了未来日本高等教育体系多样化发展的 5 个要点，即学生多样化、教师多样化、课程体系多样化、大学治理多样化、大学特色发展多样化。所谓学生多样化，主要在于改变一

① 科学技术与学术政策研究所. 科学技術指標 2020 統計集(187)[EB/OL]. [2020-09-22]. https://nistep.repo.nii.ac.jp/?action=pages_view_main&active_action=repository_view_main_item_detail&item_id=6700&item_no=1&page_id=13&block_id=21.

直以来日本高等教育招生面向 18 岁人口的单一体制（“18 岁中心主义”），扩大招收社会人与留学生。有数据表明，25 岁以上学生占本、专科学生总数的比例和 30 岁以上研究生占研究生总数的比例，与欧美国家相比日本均处于较低的水平。以 2016 年的高等教育入学人数统计为例，专科入学人数中 25 岁以上的比例，冰岛最高为 83.2%，经济合作与发展组织国家（OECD 国家）平均为 33.2%，日本仅为 4.6%；本科入学人数中 25 岁以上的比例，以色列最高为 33.2%，OECD 国家平均为 15.8%，日本仅为 2.5%；硕士研究生入学人数中 30 岁以上的比例，以色列最高为57.4%，OECD 国家平均为21.9%，日本仅为 13.2%。① 留学生占大学生总数的比例，日本与欧美国家相比同样处在较低的水平。2016 年本科学生总数中留学生所占比例，OECD 国家平均为 4.9%，美国为 4.2%，英国为14.1%，日本仅为 2.5%；硕士研究生总数中留学生所占比例，OECD 国家平均为13.4%，美国为 10.1%，英国为 36.1%，日本仅为 7.1%；博士研究生总数中留学生所占比例，OECD 国家平均为 29.2%，美国为 40.3%，英国为43.2%，日本仅为 18.2%。② 因此，如何采取措施、建立更加适合开展继续教育与留学生教育的体制，是日本大学教育改革的重要课题。所谓教师多样化，主要针对日本大学教师中青年教师、女教师、外籍教师比例较低的现状（2016 年日本大学教师总数中 40 岁以下的占 23.4%，2017 年大学教师总数中女教师占 24.2%，教授中的女性比例更低，只有16.2%③），通过改革，完善有利于录用不同类型的教师、灵活运用校内外人力资源的大学教师人事制度。所谓课程体系多样化，主要指在跨学科的知识组合成为必要、大

① 中央教育审议会.2040 年に向けた高等教育のグランドデザイン（答申）参考資料集・Ⅱ.教育研究体制関係資料[EB/OL]. [2020－09－22]. https://www.mext.go.jp/component/b_menu/shingi/toushin/__icsFiles/afieldfile/2018/12/17/1411360_10_3_1.pdf.

② 中央教育审议会.2040 年に向けた高等教育のグランドデザイン（答申）参考資料集・Ⅱ.教育研究体制関係資料[EB/OL]. [2020－09－22]. https://www.mext.go.jp/component/b_menu/shingi/toushin/__icsFiles/afieldfile/2018/12/17/1411360_10_3_1.pdf.

③ 中央教育审议会.2040 年に向けた高等教育のグランドデザイン（答申）参考資料集・Ⅱ.教育研究体制関係資料[EB/OL]. [2020－09－22]. https://www.mext.go.jp/component/b_menu/shingi/toushin/__icsFiles/afieldfile/2018/12/17/1411360_10_3_1.pdf.

学培养的人才应具有更多内含教养、知识、经验之通用能力的时代，要求大学以学生为中心，跨部门、跨学校，实施文理综合、主辅修并重、学分互换等措施，构建灵活的大学课程体系。所谓大学治理多样化，主要指通过采取多样、灵活的举措，提高大学的治理能力。这些举措包括建立国立大学“一法人多大学”制度，构建国立、公立、私立大学协同合作的机制，构建大学与地方政府、产业界稳定的协作体制。所谓大学特色发展多样化，主要指不同类型、不同层次的高等教育机构应找准自身的定位，发展各自的特色。日本高等教育体系由多类型、多层次的高等教育机构组成，依据机构所属有国立、公立、私立之分，从层次来讲，有四年制大学、短期大学、高等专门学校之别。以四年制大学为例，2019 年的大学数为 786 所，其中国立大学为 86 所（占总数的 10.9%），公立大学为 93 所（11.8%），私立大学为 607 所（77.2%）。[①] 国立大学体现了日本高等教育的最高水平，应在开展国家乃至世界领先的高水平教育与科学研究、成为培养高水平创新人才和产出高水平创新成果基地方面发挥更大的作用；公立大学是各地方政府举办的大学，应在落实地方高等教育政策、实现教育机会平等、推动地方经济社会发展方面发挥关键作用；私立大学承担着全国约 80%本科生的教育任务，应立足于各自的办学理念，开展丰富多样、各具特色的教育与研究活动，在扩大教育机会、提高国民的知识水平方面进一步发挥作用。

4. 完善“以学习为中心”的高等教育质量保障体制。日本高等教育质量保障面临着两方面的挑战。一是高等教育已经进入了普及化阶段，随着高等教育入学人数的不断增多，大学生的类型日益多样化，如何面对大量不同于精英阶段的学生实施质量保障，是日本大学教育需要解决的重要课题。二是现实中，从学生学习的角度出发，日本的高等教育质量保障存在着一些问题。例如，“国立教育政策研究所的调查显示，一、二年级大学生平均每周上课时

① 文部科学省.文部科学統計要覧（令和 2 年版）[EB/OL].[2020 - 09 - 22]. https://www.mext.go.jp/b_menu/toukei/002/002b/1417059_00003.htm.

间约 20 小时，预习、复习时间约 5 小时，课外学习时间非常少，而且这种状况与以往调查的数字相比没有任何变化。美国等国家一年级大学生中有 50% 以上每周课外学习时间超过 11 小时”①。因此，“以学习为中心”是未来完善高等教育质量保障体制的方向。“以学习为中心”质量保障体制的着重点包括，学生在学期间学习了什么、掌握了什么、获得了哪些成长、取得了哪些学习成果，为此大学是否构建了有特色、多样化的教师组织与课程体系。实施高等教育质量保障，大学毫无疑问是第一责任所在。各大学应在校长的领导下，确立以毕业与学位授予方针、课程编制与实施方针、招生考试方针（“三大方针”）为指导的大学教育体系，完善学校内部的质量保障制度。国家高等教育质量保障体系也需随着高等教育的改革与发展而不断完善。

5. 扩大全社会对高等教育发展的资金支持。日本虽然是经济发达国家，但是长期以来政府的赤字财政状况制约了财政对高等教育的投入。据 2015 年的统计，对高等教育的公共财政投入占国家 GDP 的比例，OECD 国家平均为 1.0%，挪威最高为 1.7%，日本最低仅为 0.4%。日本高等教育投入主要依靠民间财力，高等教育自费支出比例日本达到 67.6%，高于 OECD 国家平均水平 30.7%的 1 倍多。② 因此，如何扩大高等教育的资金来源渠道是日本高等教育未来发展必须解决的问题。《大构想》指出，高等教育是国家实力增长的重要源泉，必须在确保政府财政支持的同时，加强民间投资、社会捐赠、个人负担，使高等教育经费来源多样化。今后，有关大学教育与研究活动的资金投入方式，以及财政投入、民间投资、社会捐赠、个人负担诸资金来源的结构平衡问题还需要进一步深入研究。

综上所述，日本政府着力实施的“教育再生”政策至今已经近十年，十年来，“教育再生”政策究竟在日本高等教育改革与发展中发挥了什么作用，或

---

① 文部科学省.文部科学白書(2018 年)[M]. 东京：日経印刷株式会社，2019：8.

② 中央教育审议会.2040 年に向けた高等教育のグランドデザイン(答申)参考資料集・Ⅵ.高等教育を支える投資関係資料[EB/OL]. [2020-09-22]. https://www.mext.go.jp/component/b_menu/shingi/toushin/__icsFiles/afieldfile/2018/12/17/1411360_10_10_1.pdf.

许可以从以下几个方面来做些概括。

第一，进一步强调了大学必须重视教育（教学）这一基本点。长期以来，日本大学形成了重研究轻教学的惯习。如日本高等教育研究知名学者有本章在其新作《什么是大学教育再生》中所指出的那样："日本大学对教育不热心，教师不训练学生，与其他一些国家相比学生用于预习、复习的时间过少、学力低下，没有涌现出产业界所需要的大批适用人才，这些问题时常受到来自社会的批判。"①因此，在 20 世纪 90 年代初开始的新一轮日本高等教育改革中，大学教育与教学始终是改革的一个核心主题，各大学在课程改革、重构通识教育体系、建立促进教师教学发展的组织制度、构建教育质量保障体系等方面下了很大的功夫。在这样的背景下实施的"教育再生"政策，进一步突出了大学培养适应并促进社会发展的大批人才的责任与重要性，强调应以学生为中心、以学生学习成果为导向重构大学教学体系和质量保障体系，通过立项与经费支持的手段引导各大学更加深入地推进教育改革。从这一意义上来说，所谓"大学教育再生"就是要让教育与教学、人才培养再回大学的本位。

第二，在"教育再生"政策指导下，日本政府出台了一系列具体措施推动高等教育改革的深入开展。如前所述，高中教育与大学教育衔接以及大学入学考试制度改革是"教育再生"政策的重要内容之一。"教育再生实行会议"2013 年提出与高大衔接和大学招生考试改革相关的建议书之后，2014 年 12 月中央教育审议会做出了"关于实现适应新时代的高大衔接，高中教育、大学教育、大学招生考试一体化改革"的咨询报告，以此为基础文部科学省于 2015 年 1 月出台了"高大衔接改革执行计划"。该计划不仅明确了 2015 年之后改革的具体措施及时间表（2015—2024 年），而且确定了一体化改革的主要领域与具体内容，使得这一改革有步骤地逐步展开。

第三，"教育再生"政策的实施，再次凸显了在日本高等教育体制中政府

---

① 有本章.大学教育再生とは何か——大学教授職の日米比較[M].东京：玉川大学出版社，2016：2.

对于高等教育改革与发展的影响作用。政府放权、让大学更加自主地办学是日本 20 世纪 90 年代初开始的高等教育改革的基本方向之一，尤其是国立大学法人化将改革推向了新的高度。改革促使日本政府改变了影响高等教育的方式，即除了长期以来通过修法修规引导与规范大学的改革行为之外，政府更多地运用立项、经费支持的手段体现政策方向、推进高等教育改革与发展。为落实"教育再生"政策，政府专门设立"大学教育再生战略推进项目"，就充分说明了这一点。应该看到，高等教育发展有自身的规律，是一长期、连续的过程，"教育再生"政策虽然在推动日本高等教育改革与发展方面已经产生了一些影响作用，但是会否引起更多具有深远意义的变化，还需要时间的验证。

第三节　职业大学制度与高等职业教育改革

"没有职业教育现代化就没有教育现代化"，这是国务院在 2019 年初发布的《国家职业教育改革实施方案》(以下简称《实施方案》)中关于职业教育的地位、意义等所做出的言简意赅的重要判断。该《实施方案》指出，虽然我国职业教育经过几十年发展取得了长足的进步，"具备了基本实现现代化的诸多有利条件和良好工作基础"，"但是，与发达国家相比，与建设现代化经济体系、建设教育强国的要求相比，我国职业教育还存在着体系建设不够完善、职业技能实训基地建设有待加强、制度标准不够健全、企业参与办学的动力不足、有利于技术技能人才成长的配套政策尚待完善、办学和人才培养质量水平参差不齐等问题，到了必须下大力气抓好的时候"。[①] 在《实施方案》列出的上述问题中，首先就是职业教育体系建设不完善。近年来构建现代职业教育

① 国务院. 国家职业教育改革实施方案[EB/OL]. [2022 - 03 - 24]. http://www.gov.cn/zhengce/content/2019-02/13/content_5365341.htm.

体系是政府、学界、职业教育实践领域关注的热点话题。在我国现行职业教育体系中，与高中层次、专科层次职业教育发展比较成熟相比，本科层次职业教育存在着认识模糊、分类不清、制度不全、经验缺少等诸多问题。因此，《实施方案》提出了“开展本科层次职业教育试点”的任务，教育部也已经批准新设了若干所本科职业技术大学。毫无疑问，本科职业技术大学的设立对我国本科职业教育发展和现代职业教育体系建设具有重要意义。

在现代教育体系发达国家，长期以来高等职业教育一直颇受关注，如德国应用技术大学在高水平技术人才的培养中发挥了重要作用。日本在 20 世纪 60 年代，适应经济高速增长的需要，以“深入传授专门学艺，培养职业所必要的能力为目的”[①]设立了实施职业教育的新型高等教育机构——高等专门学校。2019 年，又一种新型高等教育机构——职业大学（日语：専門職大学）问世，当年成立了 2 所，职业大学制度正式开始实施，标志着日本高等职业教育发展进入了新阶段。

一、职业大学制度创设的背景与影响因素

在现代社会，大学与社会的关系，尤其是与社会经济发展的关系愈来愈紧密。一方面，大学通过知识的传承、创造与应用为社会培养所需各类人才，在科学进步、文化繁荣、经济发展中发挥了重要作用；另一方面，社会的发展变化不断提出新的需要，促使大学在教育、研究及办学的理念、制度、方法等各个领域持续更新。2019 年日本职业大学制度的创设正是以社会经济变化为主要背景的。

1. 第四次产业革命对产业结构与职业结构的影响

近年来，日本以及全球经济变化的主要趋向之一是第四次产业革命的兴

---

① 转引自胡建华.战后日本大学史[M].南京：南京大学出版社，2001：149.

起与发展。众所周知，人类社会已经经历了三次产业革命。第一次产业革命以蒸汽机的发明与应用为特征，它使生产活动获得了新的动力，机器代替了手工劳动，大大提高了产量与速度。第二次产业革命以电力的广泛使用为显著特征，发电机取代蒸汽机成为新的动力来源，人类社会进入了“电气时代”。第三次产业革命以电子计算机的广泛应用为核心特征，人类在原子能、计算机、航天技术、生物工程等领域取得重大突破，进入了“自动化时代”。21 世纪，人类社会迎来了第四次产业革命。第四次产业革命以物联网、大数据、人工智能、机器人等高新技术的广泛应用为主要特征。物联网技术使所有行业、所有信息通过数字化和互联网自由联通成为可能，大数据技术使基于海量数据的分析产生新的数据价值成为可能，人工智能技术使机器通过自身学习形成超越人类判断的能力成为可能，机器人技术使复杂多样的操作流程完全自动化成为可能。[①] 产业革命给人类社会带来的影响是巨大的，其中产业结构以及与其紧密相连的职业结构受到的影响更为直接。那么，第四次产业革命将会给产业结构与职业结构带来哪些影响呢？

第四次产业革命给产业结构带来的影响首先是与物联网、大数据、人工智能、机器人这些高新技术相关联的行业将会得到更大的发展，它们在产业结构中的比例将有很大的提高。日本经济产业省产业构造审议会的新产业构造部会在分析第四次产业革命促使产业结构调整的基础上，预测出主要社会经济领域从业人数的变化趋向（见表 4－6）。由于全国总人口与劳动力人口长期减少等因素的影响，在 2015 年到 2030 年间，日本社会从业人数整体上呈减少的趋向。但是，与大多数社会经济领域和行业从业人数逐渐减少相反，信息服务行业的人数显著增加，2030 年预计比 2015 年增长 11.2％。

① 经济产业省产业构造审议会新产业构造部会.「新産業構造ビジョン」～第 4 次産業革命をリードする日本の戦略～（2016 年 4 月 27 日）［EB/OL］.［2022－04－01］. https://www.meti.go.jp/shingikai/sankoshin/sokai/pdf/018_02_00.pdf.

表 4-6 日本主要社会经济领域从业人数变化趋向[①]

单位:万人

经济领域	所涉主要行业、部门	2015 年	2030 年增(+)减(-)预测
原材料生产	农林水产、矿业等	278	-71
中间产品制造	石油产品、炼钢、化学纤维等	152	-43
终端产品制造	汽车、通信机器、生产机械等	775	-117
劳务、技术类服务	建筑、批发、零售、金融等	2 026	-48
信息服务		641	+72
接待类服务	宾馆、饭店、娱乐等	654	+24
基础设施网络	电力、道路运输、电信电话等	388	-7
其他	医疗·护理、政府、教育等	1 421	+28
合　计		6 335	-162

注:原资料在信息服务所涉主要行业,部门处没有细分。

第四次产业革命对产业结构及职业结构的影响还表现在,人工智能与机器人技术的广泛应用,将使一些职业由于其工作可以被机器替代而逐渐消失。有学者研究推测,在 5—15 年后很大可能性被人工智能和机器人替代的劳动人口占劳动总人口的比重,日本约 49%,美国约 47%,英国约 35%(这种替代主要指技术上的可能性,现实中是否实现替代还要为社会其他因素所决定)。[②] 被人工智能和机器人替代可能性较高的主要是那些不太需要专门知识和技能,以及按照固定程序操作的职业。根据新产业构造部会的预测,由于人工智能和机器人等高新技术的广泛应用,日本一些行业的从业人数 2030

① 经济产业省产业构造审议会新产业构造部会.「新産業構造ビジョン」～第 4 次産業革命をリードする日本の戦略～(2016 年 4 月 27 日)[EB/OL]. [2022-04-01]. https://www.meti.go.jp/shingikai/sankoshin/sokai/pdf/018_02_00.pdf.

② 文部科学省. 専門職大学等の制度化に関する説明資料(2017 年 11 月 6 日)[EB/OL]. [2022-04-01]. https://www.mext.go.jp/a_menu/koutou/senmon/__icsFiles/afieldfile/2018/03/02/1397422_1_1.pdf.

年比 2015 年将会有较大幅度的减少，如制造业的生产线操作工、产品检验员、采购人员等减少 297 万人，企业的会计、工资管理、数据录入人员等减少 143 万人，销售业的固定型保险商品的销售员、超市的收银员等减少 68 万人，服务业的餐饮店店员、中低档酒店的客房工作人员、银行窗口工作人员、仓库工作人员等减少 51 万等。与被人工智能和机器人替代可能性较高的职业从业人数减少相反，替代可能性较低以及与人工智能和机器人等高新技术紧密相关的职业从业人数则将有较大幅度的增加。如高附加值服务业的高档饭店工作人员、精细护理人员等增加 179 万人，销售业的定制高额保险商品销售担当人员等增加 114 万人，企业的经营战略制定人员、研究开发人员等增加 96 万人，IT 行业的物联网商务开发人员、IT 安全担当人员等增加 45 万人等。[①] 第四次产业革命影响下产业结构及职业结构的这些变化必然传导到人才培养机构——大学，促使大学在人才培养制度方面进行改革，这也成为日本创设职业大学制度的重要诱因。

2. 社会经济变化之下日本高等职业教育的不适应

第四次产业革命在影响产业结构与职业结构变化的同时，也对社会所实施的职业教育(训练)提出了新要求。如何适应产业结构与职业结构的变化，改革职业教育尤其是高等职业教育制度，成为近年来日本政府、经济界关注的重要课题。说其重要，是因为一方面第四次产业革命带来的变化已经初见端倪，另一方面日本的职业教育(训练)制度及现状存在着不太适应的问题。长期以来，日本企业尤其是大企业有着对员工实施职业培训的传统，企业的职业培训成为学校职业教育的重要补充。也可以说，学校职业教育与企业职业培训共同支撑了日本社会职业人的成长。20 世纪 90 年代之后，由于“泡沫经济”的破灭，日本经济发展陷入长期低迷的状况，许多企业经营不良影响到

① 经济产业省产业构造审议会新产业构造部会.「新産業構造ビジョン」〜第 4 次産業革命をリードする日本の戦略〜(2016 年 4 月 27 日)[EB/OL]. [2022-04-01]. https://www.meti.go.jp/shingikai/sankoshin/sokai/pdf/018_02_00.pdf.

企业对包括职工职业培训在内的人力资本投入。据统计，日本企业支出的人均教育培训费占人均劳动费用（劳动费用主要指除工资之外的人员费用，包括福利费、退职金、教育培训费等）的比例呈逐渐减少的趋势，1988 年为 2.4%，1998 年为 1.6%，2011 年为 1.4%，2021 年为 0.9%。[①] 人均教育培训费占人均劳动费用的比例在不同规模企业之间存在着明显的差异，大企业高于中小企业，如 2016 年的人均教育培训费比例，拥有员工 1 000 人以上企业、300—999 人企业、100—299 人企业、30—99 人企业依次为 1.4%、1.3%、1.1%、0.8%。[②] 而中小企业在日本产业结构中占有相当大的比重（2016 年的统计表明，日本第二、三产业的民营企业中，中小企业的企业数占 359 万企业总数的 99.7%，中小企业的员工人数占 4 679 万员工总数的 68.8%[③]）。企业教育培训费过低势必影响职业培训作用的正常发挥。

与企业职业培训相比，毫无疑问学校职业教育在职业人培养过程中的作用更加重要。二战结束之后，以美国大学制度为蓝本，日本政府对战前高等教育体制进行了比较大的改造，建立了新的大学制度。新大学制度的主要特征是将二战前层次类型多样的高等教育机构（大学、专门学校、高等师范学校、高等学校等）合并、组建为四年制大学与短期大学（两年或三年制）两类。由于短期大学文科偏重的基本特征（在 20 世纪 50 年代，主修文学、法政商经、家政 3 专业的学生数始终处于短期大学各专业学生数的前三位，三者合起来

---

① 劳动省. 賃金労働時間制度等総合調査報告・第 25 表　企業規模別現金給与以外の労働費用（1998 年）[EB/OL]. [2022 - 04 - 01]. https://www.jil.go.jp/jil/kisya/daijin/991004_01_d/991004_01_d_hyou25.html；厚生劳动省. 就労条件総合調査報告・4 労働費用（2011 年）[EB/OL]. [2022 - 04 - 01]. https://www.mhlw.go.jp/toukei/itiran/roudou/jikan/syurou/21/dl/gaiyou03.pdf；厚生劳动省. 就労条件総合調査報告・3 労働費用（2021 年）[EB/OL]. [2022 - 04 - 01]. https://www.mhlw.go.jp/toukei/itiran/roudou/jikan/syurou/21/dl/gaiyou03.pdf.

② 厚生劳动省. 就労条件総合調査報告・4 労働費用（2016 年）[EB/OL]. [2022 - 04 - 01]. https://www.mhlw.go.jp/toukei/itiran/roudou/jikan/syurou/21/dl/gaiyou03.pdf.

③ 中小企业厅. 中小企業白書　小規模企業白書・付属統計資料（2021 年）[EB/OL]. [2022 - 04 - 01]. https://www.chusho.meti.go.jp/pamflet/hakusyo/2021/PDF/chusho/08Hakusyo_fuzokutoukei_web.pdf.

占短期大学学生数的比例 1950 年为 83.6%，1959 年为 76.1%[①])，产业界一直对其办学定位与功能，以及新大学制度人才培养问题有诸多疑问。譬如，日本经营者团体联盟教育委员会要求在教育制度改革中加强职业专门教育，1956 年 11 月发表的"关于适应新时代需要的技术教育报告"指出："产业界至今仍痛感对战前旧制工业专门学校培养的中级技术者之需要，可是现在的两年制短期大学无法满足这一要求。因此，教育部门必须进行短期大学与高中合并组建专门大学、纠正高中与大学教育中的重复低效现象、加强实习与专门学科学习等方面的改革以回应产业界的需求。"[②]产业界的批评实际上指出了战后日本大学制度忽视职业技术教育的问题。1961 年，为适应经济高速增长对技术职业人才的需求，日本政府决定设立区别于短期大学的高等专门学校。《学校教育法》增加了有关高等专门学校的条文，其中对高等专门学校的规定是："高等专门学校以深入传授专门学艺，培养职业所必要的能力为目的。"[③]高等专门学校招收初中毕业生，学制 5 年，后两年实施高等教育阶段的职业教育。高等专门学校设立至今已有 60 余年，但是其数量仍然有限。2020 年的统计表明，高等专门学校有 57 所，仅占高等教育机构(包括大学与短期大学)总数 1 175 所的 4.9%。[④] 作为正规学校教育的补充，日本政府于 1975 年建立了专修学校制度。专修学校主要设有两个学段的课程，招收初中毕业生的称为"高等课程"，招收高中毕业生的为"专门课程"，在学时间至少一年。2020 年开设专门课程的专修学校有 2 779 所，学生 60.4 万人。[⑤] 开设专门课程的专修学校(又称专门学校)实际上实施的是职业教育，所涉职业领域包括工业、农业、医疗、卫生、教育与社会福利、商业实务等，发展至今成为高等职

① 细谷俊夫，等.新教育学大事典(8)[M].东京：第一法规出版株式会社，1990：60－61.

② 海後宗臣，寺崎昌男.大学教育[M].东京：东京大学出版社，1969：235.

③ 新井隆一，等.解説教育六法[M].东京：三省堂，1992：61.

④ 文部科学省. 文部科学統計要覧(令和 3 年版)・学校教育総括[EB/OL]. [2022－04－01]. https://www.mext.go.jp/b_menu/toukei/002/002b/1417059_00006.htm.

⑤ 文部科学省. 文部科学統計要覧(令和 3 年版)専修学校[EB/OL]. [2022－04－01]. https://www.mext.go.jp/b_menu/toukei/002/002b/1417059_00006.htm.

业教育的一个组成部分。总体来讲,即使算上正规高等教育体系外的专修学校,日本高等职业教育在数量上、层次上都还存在着与第四次产业革命引起的社会变化不相适应的问题,这为职业大学制度创设提出了现实的必要性。

二、职业大学制度化过程及其办学实践

由上可知,创设职业大学制度是日本政府为适应社会经济发展而采取的一项重要举措,同时也是近年来职业教育日益受到重视的一种必然延续。

1. 政府咨询机构在职业大学制度设计中的作用

重视咨询机构在制定法律与政策中的基础作用是战后日本国家行政制度的主要特点之一。早在1948年,日本政府就根据《国家行政组织法》,在所有涉及公共问题的领域设立了相关的咨询审议会,以致有人将战后日本国家行政制度称作"审议会行政制度"①。在20世纪中叶以来的日本高等教育改革中,可以清楚地看到由改革政策的制定到实施的基本路线,即政府咨询机构在调查研究基础上形成咨询报告→政府根据咨询报告的建议修改或制定法律与政策→实施改革。这种基本路线也反映在职业大学的制度化过程中。

日本文部科学省的主要咨询机构中央教育审议会在2011年初应政府要求提交了一份题为"今后学校生涯教育、职业教育的应有态势"的咨询报告,该咨询报告在近年来的日本职业教育发展中发挥了重要作用。咨询报告贯穿初等、中等、高等教育各阶段,覆盖幼儿园、小学、中学、大学、高等专门学校、特殊学校、专修学校等各级各类学校,系统地论述了实施生涯教育、职业教育的必要性与途径。"从幼儿教育到高等教育这样全过程地讨论生涯教育、职业教育的咨询报告,是前所未有的。其重要意义还在于超越过去学校教育分阶段、教育界与产业界分领域思考的局限,从整体性的角度分析了生

① 胡建华.大学审议会与日本高等教育改革[J].中国高等教育,2001(12):41-42.

涯教育、职业教育的现状，提出了具体的实施策略。”①咨询报告在第四部分专门讨论了高等教育阶段的职业教育问题。尤其值得注意的是，在要求现有高等教育机构(大学、短期大学、高等专门学校等)充实职业教育的同时，提出了建立新的高等职业教育机构的设想。新的高等职业教育机构的办学目的，是“在卓越、练达的实务知识与经验基础之上传授高度专门且实用的知识与技术，培养职业需要的实践能力”②。

2012年末，日本新一届政府为适应社会发展需要深入推动教育改革，决定将“教育再生”作为教育领域改革的基本政策方向。2013年1月15日，为推动“教育再生”政策的制定和实施，政府内阁会议决定设立“教育再生实行会议”。“教育再生实行会议”成立之后多次召开会议研讨教育改革问题，到2019年5月的6年多时间里共提出建议书11份，内容涉及学校教育、社会教育、教师培养、教育经费、学校制度等诸方面。以这些建议书为出发点，日本政府先后制定了多项“教育再生”政策，全面推动教育改革的深入开展。③2014年的第五份建议书“关于今后的学制改革”提出，要构建适应新时代需要的学校制度。其中，就高等职业教育问题指出：“虽然社会需要在高等教育阶段培养高质量的职业人才，但是现有的大学与短期大学实施以学术研究为基础的教育，没有形成与企业联合开展实践性职业教育的机制；高等专门学校招收初中毕业生实施有特色的五年一贯制教育，很少进行以高中毕业为起点的职业教育；专修学校专门课程(专门学校)的教育质量缺少制度上的保障，社会评价不高。因此，在大学、高等专门学校、专修学校等加强职业教育的同

① 中央教育审议会.今後の学校におけるキャリア教育・職業教育の在り方について(答申)[EB/OL].[2022-04-05]. https://warp.ndl.go.jp/info:ndljp/pid/11293659/www.mext.go.jp/component/b_menu/shingi/toushin/__icsFiles/afieldfile/2011/02/01/1301878_1_1.pdf.

② 中央教育审议会.今後の学校におけるキャリア教育・職業教育の在り方について(答申)[EB/OL].[2022-04-05]. https://warp.ndl.go.jp/info:ndljp/pid/11293659/www.mext.go.jp/component/b_menu/shingi/toushin/__icsFiles/afieldfile/2011/02/01/1301878_1_1.pdf.

③ 胡建华.“教育再生”政策下的日本高等教育改革与发展[J].外国教育研究，2021(2):3-17.

时，需要在制度上设立实施高质量实践性职业教育的新的高等教育机构。”① 这是日本政府的重要咨询机构第一次明确提出创设新的高等职业教育机构的建议，同时也体现了政府的政策意向。

为落实“教育再生实行会议”第五份建议书的上述建议，2014 年 9 月，文部科学省高等教育局成立了专门研究设立新的高等职业教育机构的临时咨询机构——“关于实施实践性职业教育新高等教育机构制度化的专家会议”。该“专家会议”成员 18 人，包括企业负责人、大学校长和相关领域的学者（如筑波大学大学研究中心金子元久教授、名古屋大学教育学部寺田盛纪教授等）。“专家会议”经过 12 次讨论，于 2015 年 3 月形成题为“实施实践性职业教育新高等教育机构的应有态势”的咨询建议。在上述有关政策提议、咨询建议的基础上，2016 年 5 月，中央教育审议会应政府要求提交咨询报告“在充分发挥个人能力与发展的可能性、全员参与解决问题的社会建设中教育多样化与质量保证的应有态势”，就设立新的高等职业教育机构（即创设职业大学制度）做出了明确而具体的论述。该咨询报告由两大部分组成，第一部分即是讨论为培养高素质的职业人才，如何创设新的高等职业教育机构的制度问题。咨询报告在分析了社会经济发展对高素质职业人才的需求和现有高等教育机构实施职业教育的现状与问题的基础上，着重阐述了新的高等职业教育机构的定位与制度设计。高等教育机构的定位，说到底就是培养的人才的定位。咨询报告提出新的高等职业教育机构应该“培养拥有专门职业所需要的高度实践技能、能够适应产业结构与职业结构变化的人才”，这样的职业人才需要具有“在变化的社会中将知识、技能、素养结合起来解决问题的综合能力”和“知识面宽广、职业素养深厚、适应职业高度化发展持

① 关于实施实践性职业教育新高等教育机构制度化的专家会议.実践的な職業教育を行う新たな高等教育機関の在り方について審議のまとめ（平成 27 年 3 月 27 日）[EB/OL]. [2022-04-05]. https://www.mext.go.jp/b_menu/shingi/chousa/koutou/061/gaiyou/__icsFiles/afieldfile/2015/04/15/1356314_1.pdf.

续进行生涯学习的基础能力”。[①] 就新的高等职业教育机构的制度设计，咨询报告认为必须重视以下四点。(1) 加强理论与实践相结合的职业教育。新的高等职业教育机构应该“实施包括深化理论学习和强化实践技能训练的教育，培养能够将知识与技能结合、具有解决真问题的能力、充分发挥创造力的人才”。(2) 充分反映产业界与地区发展的需要，推进与产业界和地区结合的教育。“明确各类职业所需要的能力和地区的人才需求，在此基础上编制大学课程内容，与产业界、地区相结合实施课程教学。”(3) 积极应对社会的多样化学习需求。为多样化学习样态制定灵活的学习制度，以便于在职人员的进修学习，应对每个学习者的不同需要。(4) 确保质量与国际适用，充实与实践性职业教育相适应的必要条件。[②] 咨询报告特别强调：“对于新的高等教育机构的人才培养来说，形成与产业界等的联合体制、充实全面支持职业教育的环境条件是重要基础。这一基础的构建加上制度设计关系到新的高等教育机构所实施的职业教育能否成功。”[③]

2. 法制化基础上职业大学制度的主要特征

制度改革需要立法先行，这是 20 世纪中叶以来日本高等教育改革的基本原则与特征。中央教育审议会等咨询机构在充分调查研究基础上所形成的咨询报告与建议为创设职业大学制度的立法提供了有力的依据。2017 年 5 月，日本国会通过了《学校教育法》修正案，形成《学校教育法的部分内容修正

① 中央教育审议会. 個人の能力と可能性を開花させ、全員参加による課題解決社会を実現するための教育の多様化と質保証の在り方について(答申)(平成 28 年 5 月 30 日)[EB/OL]. [2022-04-05]. https://www.mext.go.jp/b_menu/shingi/chukyo/chukyo0/toushin/__icsFiles/afieldfile/2016/10/24/1371833_1_1_1.pdf.

② 中央教育审议会. 個人の能力と可能性を開花させ、全員参加による課題解決社会を実現するための教育の多様化と質保証の在り方について(答申)(平成 28 年 5 月 30 日)[EB/OL]. [2022-04-05]. https://www.mext.go.jp/b_menu/shingi/chukyo/chukyo0/toushin/__icsFiles/afieldfile/2016/10/24/1371833_1_1_1.pdf.

③ 中央教育审议会. 個人の能力と可能性を開花させ、全員参加による課題解決社会を実現するための教育の多様化と質保証の在り方について(答申)(平成 28 年 5 月 30 日)[EB/OL]. [2022-04-05]. https://www.mext.go.jp/b_menu/shingi/chukyo/chukyo0/toushin/__icsFiles/afieldfile/2016/10/24/1371833_1_1_1.pdf.

法律》，奠定了创设职业大学制度的法律基础。《学校教育法的部分内容修正法律》明确了新的高等职业教育机构的名称及制度定位。“第八十三条之二　在前条规定的大学中，以传授与研究高深专门学艺、培养适任专门性职业需要的实践与应用能力为目的的称职业大学（日语：専門職大学）。职业大学根据文部大臣的规定，在专门性职业的从业者及其相关人员的协力下，制定课程内容，实施课程教学，提高教师资质与水平。”[①]该法律还规定自 2019 年 4 月 1 日开始实施。

法律的条文规定十分原则、简洁，具体的制度设计还需要政府出台相应的政策法规。在日本文部科学省有关大学制度的政策法规中，大学设置基准是最为基础且重要的。20 世纪 90 年代初开始的战后新一轮大学改革就是以文部科学省（当时称文部省）修订大学设置基准为开端的。因此，创设职业大学制度的法律通过之后，文部科学省于 2017 年 9 月颁布了《职业大学设置基准》（文部科学省省令第 33 号）。《职业大学设置基准》共 12 章，从内部组织、招生、课程设置、毕业要求、教师组织、教师资格、校舍设备、事务管理组织等全方位对职业大学办学做了明确的规定，完成了职业大学的制度化。《职业大学设置基准》开宗明义，阐明了该基准作为法规的地位与作用。“第一条　职业大学的设立除依照学校教育法等法律的规定之外，还须依据本省令的规定。本省令规定的设置基准是职业大学设立所必要的最低标准。”[②]《职业大学设置基准》规定体现出来的职业大学区别于普通大学的主要特征，可以从课程设置、教师构成、教学实施 3 个方面加以归纳概括。

第一，课程设置突出职业导向。大学的课程体系是在培养目标指引下制定的，培养目标中有关人才的规格、水平的要求需通过课程体系及依据课程体系实施的教学活动去实现。职业大学的课程体系区别于普通大学的显著

① 学校教育法の一部を改正する法律[EB/OL]. [2022-04-05]. https://www.mext.go.jp/b_menu/houan/kakutei/detail/__icsFiles/afieldfile/2017/06/30/1387551_02_1.pdf.

② 文部科学省. 専門職大学設置基準[EB/OL]. [2022-04-05]. https://www.mext.go.jp/component/a_menu/education/detail/__icsFiles/afieldfile/2018/08/03/1407694_01.pdf.

特征毫无疑问就是其职业导向。《职业大学设置基准》对职业大学课程体系的总体要求是，传授专门学艺，培养从事专门性职业和开展创造性活动所需要的实践能力与应用能力，同时养成丰富的个性与良好的职业道德。为了达到这一要求，《职业大学设置基准》规定职业大学设置的课程包括 4 大类，即基础课程、职业专门课程、拓展课程和综合课程。这 4 类课程的比例体现在毕业要求上。《职业大学设置基准》规定职业大学的在学年限为 4 年以上，修满 124 学分方能毕业。在 124 学分中，基础课程不少于 20 学分，职业专门课程不少于 60 学分，拓展课程不少于 20 学分，综合课程不少于 4 学分。职业专门课程的学分占毕业要求总学分的一半以上。①

第二，教师构成突出实务导向。教师在大学中的作用毋庸赘言。职业大学培养人才的特殊要求决定了职业大学的教师构成不同于普通大学，其主要差异在于有职业实务经验的人员成为教师构成的重要部分。《职业大学设置基准》规定，职业大学的教师总数中具有 5 年以上职业实务经验且有丰富实践能力的教师（又称“实务家教师”）须占 40%以上。“实务家教师”分为两种类型：一类是研究能力较强的教师，其任职资格要求是或有大学从教的经历、或获得硕士以上学位、或在企业工作时有一定的研究成果，这类教师须占“实务家教师”总数的 50%以上；另一类是主要从事教学的教师，一年承担不少于 6 学分的教学工作，这类教师的数量不能超过“实务家教师”总数的 50%。②

第三，教学实施突出实践导向。所谓实践导向主要指实践性贯穿于职业大学教学活动的各个环节。首先，职业大学课程体系的编制须有来自职业实践的人员参与。为此《职业大学设置基准》规定：“为了与产业界和地域社会

---

① 文部科学省. 専門職大学設置基準[EB/OL]. [2022 - 04 - 05]. https://www.mext.go.jp/component/a_menu/education/detail/__icsFiles/afieldfile/2018/08/03/1407694_01.pdf.

② 文部科学省高等教育局专门教育科. 専門職大学等の設置構想のポイント(令和 3 年 5 月改訂版)[EB/OL]. [2022 - 04 - 05]. https://www.mext.go.jp/content/20210331-mxt_senmon01-100001394_02.pdf.

协作编制课程并且顺畅、有效的实施，职业大学设立课程合作协议会。”[①]课程合作协议会的成员包括职业大学教师、与课程相关的有丰富实践经验的职业从业者、地方政府的有关行政管理人员、实习课程的现场指导者等。课程合作协议会的主要职能是审议与产业界和地域社会合作的课程开设、实施及评价等事项。其次，实践性教学环节、方法等在教学过程中占有重要的地位。《职业大学设置基准》规定，在毕业要求的124学分中，实践性课程（包括实验、实习以及培养实践技能的课程等）不低于40学分，其中企业等现场实习课程20学分。现场实习作为正式课程是职业大学人才培养的核心环节与特征。为了保证与提高现场实习课程的质量，文部科学省要求职业大学必须就实习的目的、内容、学生通过实习应该获得的知识与技能、实习效果评价、实习单位准备、实习现场指导教师配置等做出必要的设计与计划。[②]

3. 职业大学办学特点与意义

2019年4月，随着两所职业大学的建校开学，日本职业大学制度开始正式实施，目前职业大学已经发展到15所（见表4－7）。从15所大学的建校来看，职业大学的主要特点可以归纳为以下几个方面。第一，单科型。这些新成立的职业大学基本上由专门学校发展而来，其所设科类建立在专门学校大都单科办学的基础之上。15所职业大学除了开志专门职大学内设3个学部，包含了工科类与艺术类之外，其余14所职业大学都只内设了一个学部，单一科类。其中医科类最多，有6所大学，工科类4所，艺术类2所，农林类1所，经济管理类1所。第二，小规模。职业大学的小规模不仅体现为科类单一，而且师生人数也偏少。小规模同样源于专门学校的办学影响。专门学校的主

① 文部科学省. 専門職大学設置基準[EB/OL]. [2022－04－05]. https://www.mext.go.jp/component/a_menu/education/detail/__icsFiles/afieldfile/2018/08/03/1407694_01.pdf.

② 文部科学省高等教育局专门教育科. 専門職大学等の臨地実務実習の手引き（平成31年1月）[EB/OL]. [2022－04－05]. https://www.mext.go.jp/a_menu/koutou/senmon/__icsFiles/afieldfile/2019/01/11/1412538_001.pdf.

要特点之一就是学生人数少，2020 年 2 779 所专门学校拥有学生 60.4 万人，平均每校人数 200 多人。因此，专门学校发展为职业大学时，规模的迅速扩大是不现实的。目前职业大学每年的招生名额少则几十人，多则也只有 200 人左右。如开志专门职大学的招生名额 240 人，信息经营创新专门职大学的招生名额 200 人（包括留学生 30 人），东京保健医疗专门职大学的招生名额 160 人，高知康复专门职大学的招生名额 150 人等。① 相应的职业大学的专任教师基本上也都是几十人，如开志专门职大学 59 人，东京保健医疗专门职大学 52 人，东京国际工科专门职大学 37 人，信息经营创新专门职大学 31 人等。② 第三，私立为主。从表 4－7 中可以得知，15 所职业大学中私立有 13 所，公立有 2 所，私立职业大学占总数的 86.7％。私立职业大学的高比例与日本大学结构基本一致。日本 2020 年 795 所大学中，私立大学有 615 所，占 77.4％。③ 长期以来，“日本采取的是国家举办少数高水平的大学，依靠私立大学实现高等教育规模扩张的方式，因此形成数量上以私立大学为主的高等教育体制”④。

表 4－7　日本职业大学一览表⑤

大学名	内设学部	公、私立	建校时间
国际时尚专门职大学	国际时尚学部	私立	2019 年
高知康复专门职大学	康复学部	私立	2019 年

① 开志专门职大学[EB/OL]. https://kaishi-pu.ac.jp/;信息经营创新专门职大学[EB/OL]. [2022－05－05]. https://www.i-u.ac.jp/;东京保健医疗专门职大学[EB/OL]. https://www.tpu.ac.jp/;高知康复专门职大学 https://kpur.ac.jp/.

② 开志专门职大学[EB/OL]. https://kaishi-pu.ac.jp/;东京保健医疗专门职大学[EB/OL]. [2022－05－05]. https://www.tpu.ac.jp/;东京国际工科专门职大学 [EB/OL]. https://www.iput.ac.jp/tokyo;信息经营创新专门职大学[EB/OL]. https://www.i-u.ac.jp/.

③ 文部科学省. 文部科学統計要覧(令和 3 年版)・大学[EB/OL]. [2022－04－01]. https://www.mext.go.jp/b_menu/toukei/002/002b/1417059_00006.htm.

④ 胡建华.百年回顾:20 世纪的日本高等教育[J]. 南京大学学报(哲学.人文科学.社会科学), 2001(4):153－160.

⑤ 文部科学省. 専門職大学等一覧[EB/OL]. [2022－05－05]. https://www.mext.go.jp/a_menu/koutou/senmon/1414446.htm.

续 表

大学名	内设学部	公、私立	建校时间
信息经营创新专门职大学	信息经营创新学部	私立	2020 年
东京国际工科专门职大学	工科学部	私立	2020 年
东京保健医疗专门职大学	康复学部	私立	2020 年
开志专门职大学	事业创造学部	私立	2020 年
	信息学部		
	动漫学部		
静冈县立农林环境专门职大学	生产环境经营学部	公立	2020 年
琵琶湖康复专门职大学	康复学部	私立	2020 年
冈山医疗专门职大学	健康学部	私立	2020 年
金泽食管理专门职大学	食品服务管理学部	私立	2021 年
名古屋国际工科专门职大学	工科学部	私立	2021 年
大阪国际工科专门职大学	工科学部	私立	2021 年
艺术文化观光专门职大学	艺术文化观光学部	公立	2021 年
和歌山康复专门职大学	健康学部	私立	2021 年
R 医疗专门职大学	康复学部	私立	2022 年

总之，职业大学作为一种新型高等教育机构及制度在日本高等教育体制内正式确立起来了。一套完整的法律、法规与政策明确了职业大学在大学结构中的地位，以及区别于普通大学的办学路径和特色。虽然职业大学办学才刚刚起步，培养的人才能否适应社会发展需要、会得到什么样的社会评价尚不得而知，但是职业大学制度的创设对于日本高等教育发展的意义是十分深远的。其意义之一在于促进了高等教育的多样化发展。日本高等教育早在 20 世纪 80 年代后期就进入了普及化阶段，2020 年高等教育入学率达到了 83.5%，[①]高入学率意味着接受高等教育的人群在入学目的、学习样态等多方

① 文部科学省. 文部科学統計要覧(令和 3 年版)・学校教育総括[EB/OL]. [2022-04-01]. https://www.mext.go.jp/b_menu/toukei/002/002b/1417059_00006.htm.

面的差异性，需要高等教育的多样化发展。中央教育审议会在 2018 年 11 月 26 日完成的咨询报告《面向 2040 年的高等教育大构想》中将促进高等教育体系多样化发展作为未来 20 年日本高等教育发展的重点领域之一。[①] 职业大学的设立增加了大学的类型，正是高等教育体系多样化发展的具体体现。其意义之二在于拓展了本科层次的高等职业教育，形成了以职业高中、高等专门学校、职业大学为主体的多层次职业教育体系，为适应第四次产业革命引起的社会经济变化进一步提升了职业教育在高等教育中的地位与重要性。如前所述，开展本科层次的职业教育，构建现代职业教育体系是我国职业教育改革发展面临的重要课题，日本创设职业大学制度的实践或许会给我们带来一些有益的启示。

① 中央教育审议会.2040 年に向けた高等教育のグランドデザイン(答申)[EB/OL]. [2020－08－20]. https://www.mext.go.jp/content/20200312-mxt_koutou01-100006282_1.pdf.

主要参考文献

一、中文文献

1. 王善迈.2000年中国教育发展报告——教育体制的变革与创新[M].北京:北京师范大学出版社,2000.

2. [美]伯顿·克拉克. 探究的场所——现代大学的科研与研究生教育[M]. 王承绪,译.杭州:浙江教育出版社,2001.

3. 陈晏清. 当代中国社会转型论[M]. 太原:山西教育出版社,1998.

4. [美]菲利浦·C.阿特巴赫.比较高等教育[M].符娟明,陈树清,译.北京:文化教育出版社,1985.

5. [荷兰]弗兰斯·F.范富格特.国际高等教育政策比较研究[M].王承绪,等译.杭州:浙江教育出版社,2001.

6. 郭齐家,雷铣. 中华人民共和国教育法全书[M]. 北京:北京广播学院出版社,1995.

7. [美]哈佛委员会.哈佛通识教育红皮书[M].李曼丽,译.北京:北京大学出版社,2010.

8. 胡建华. 现代中国大学制度的原点:50年代初期的大学改革[M].南京:南京师范大学出版社,2001.

9. 胡建华. 战后日本大学史[M].南京大学出版社,2001.

10. 胡建华,陈列,周川,等. 高等教育学新论[M].南京:江苏教育出版社,2006.

11. 胡建华,王建华,王全林,等.大学制度改革论[M]. 南京:南京师范大学出版社,2006.

12. 胡建华,王建华,陈何芳,等. 大学内部治理论[M].南京:南京师范大学出版社,2019.

13. 霍益萍. 近代中国的高等教育[M]. 上海:华东师范大学出版社,1999.

14. 金吾伦. 跨学科研究引论[M].北京:中央编译出版社,1997.

15. [英]卡尔・波普尔.猜想与反驳——科学知识的增长[M]. 傅季重,纪树立,周昌忠,等译.上海:上海译文出版社,1986.

16. 李世海,高兆宏,张晓宜.创新教育新探[M].北京:社会科学文献出版社,2005.

17. 刘念才,赵文华. 面向创新型国家的高校科技创新能力建设研究[M].北京:中国人民大学出版社,2006.

18. [美]罗伯特・伯恩鲍姆.大学运行模式——大学组织与领导的控制系统[M]. 别敦荣,余学峰,张际标,译.青岛:中国海洋大学出版社,2003.

19. [美]罗纳德・G.埃伦伯格.美国的大学治理[M].沈文钦,张婷姝,杨晓芳,译.北京:北京大学出版社,2010.

20. 吕达,周满生.当代外国教育改革著名文献(德国、法国卷)[M].高加峰,等译.北京:人民教育出版社,2004.

21. 沈红.美国研究型大学形成与发展[M].武汉:华中科技大学出版社,1999.

22. [瑞士]瓦尔特・吕埃格.欧洲大学史.第 3 卷,19 世纪和 20 世纪早期的大学[M]. 张斌贤,杨克瑞,林薇,等译.保定:河北大学出版社,2014.

23. [瑞士]瓦尔特・吕埃格.欧洲大学史.第四卷,1945 年以来的大学[M].贺国庆,王保星,屈书杰,等译.保定:河北大学出版社,2019.

24.[比]希尔德·德·里德-西蒙斯.欧洲大学史.第1卷,中世纪大学[M].张斌贤,程玉红,和震,等译.保定:河北大学出版社,2008.

25.杨桂华.转型社会控制论[M].太原:山西教育出版社,1998.

26.俞可平.治理与善治[M].北京:社会科学文献出版社,2000.

27.[加]约翰·范德格拉夫,等.学术权力——七国高等教育管理体制比较[M].王承绪,张维平,徐辉,等译.杭州:浙江教育出版社,1989.

28.[英]约翰·齐曼.真科学:它是什么,它指什么[M].曾国屏,匡辉,张成岗,译.上海:上海科技教育出版社,2008.

29.[美]约翰·S.布鲁贝克.高等教育哲学[M].王承绪,郑继伟,张维平,等译.杭州:浙江教育出版社,1987.

30.曾满超,等.教育政策的经济分析[M].北京:人民教育出版社,2000.

31.张德祥.高等学校的学术权力与行政权力[M].南京:南京师范大学出版社,2002.

32.赵承福,陈泽河.创造教育研究新进展[M].济南:山东人民出版社,2002.

33.钟秉林.中国大学改革与创新人才教育[M].北京:北京师范大学出版社,2008.

二、外文文献

1. Barton R. Clark.大学院教育の研究[M].潮木守一,译.日本东京:东信堂,1999.

2. F.Schleiermacher.国家権力と教育[M].梅根悟,译.日本东京:明治图书出版株式会社,1970.

3. F.W.Schelling.学問論[M].胜田守一,译.日本东京:岩波书店,1957.

4. Hans W.Prahl.大学制度の社会史[M].山本尤，译.日本东京：法政大学出版局，1988.

5. H.Schelsky.大学の孤独と自由——ドイツの大学ならびにその改革の理念と形態[M].田中昭德，等译.日本东京：未来社，1970.

6. Jacques Verger.中世の大学[M].大高顺雄，译.日本东京：みすず书房，1979.

7. J.G.Fichte，等.大学の理念と構想[M].梅根悟，译.日本东京：明治图书出版株式会社，1970.

8. Joseph Ben David. 学問の府[M]. 天城勳，译.日本东京：サイマル出版会，1982.

9. Stephen d'Irsay.大学史(上)——中世およびルネサンス[M].池端次郎，译.日本东京：东洋馆出版社，1988.

10. Stephen d'Irsay.大学史(下)——十六世紀から一八六〇年まで[M].池端次郎，译.日本东京：东洋馆出版社，1988.

11. 大学审议会.大学審議会答申・報告総覧[M].日本东京：行政株式会社，1998.

12. 児玉善仁，赤羽良一，岡山茂等.大学事典[M].东京：株式会社平凡社，2018.

13. 高等教育研究会.大学の多様な発展を目指して(Ⅵ)[M]. 日本东京：行政株式会社，1997.

14. 高木英明.大学の法的地位と自治機関に関する研究[M].日本东京：多贺出版株式会社，1998.

15. 宫田由起夫. アメリカの産学連携[M]. 日本东京：东洋经济新报社，2002.

16. 广田照幸，吉田文，小林傅司，等.組織としての大学——役割や機能をどうみるか[M].日本东京：岩波书店，2013.

17. 海後宗臣,寺崎昌男.大学教育[M].日本东京:东京大学出版社,1969.

18. 解说教育六法编辑委员会. 解説教育六法(2011)[M]. 日本东京:三省堂,2011.

19. 酒井吉荣.学問の自由・大学の自治研究[M]. 日本东京:评论社,1979.

20. 梅根悟.世界教育史大系 26 ・ 大学史Ⅰ[M]. 日本东京:讲谈社,1974.

21. 秦由美子.変わりゆくイギリスの大学[M]. 日本东京:学文社,2001.

22. 秦由美子.イギリスの大学——対位線の転位による質的転換[M]. 日本东京:东信堂,2014.

23. 山崎博敏. 大学の学問研究の社会学[M].日本东京:东洋馆出版社,1995.

24. 天野郁夫. 国立大学・法人化の行方:自立と格差のはざまで[M]. 东京:东信堂,2008.

25. 文部科学省. 文部科学白書:創造的活力に富んだ知識基盤社会を支える高等教育(平成 15 年度)[M]. 东京:国立印刷局,2004.

26. 文部科学省.文部科学白書:東日本大震災からの復旧・復興(平成 23 年度)[M].日本东京:佐伯印刷株式会社,2011.

27. 文部科学省.文部科学白書(2013 年)[M].日本东京:日経印刷株式会社,2014.

28. 文部科学省.文部科学白書(2015 年)[M].日本东京:日経印刷株式会社,2016.

29. 文部科学省.文部科学白書(2018 年)[M]. 日本东京:日経印刷株式会社,2019.

30. 文部科学省.文部科学白書(2019 年)[M]. 日本东京:日経印刷株式会社,2020.

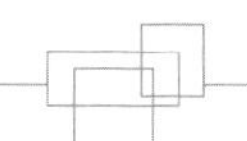

31. 文部科学省. 文部科学統計要覧(2011)[M]. 日经印刷株式会社,2011.

32. 文部科学省科学技术政策研究所.科学技術指標——日本の科学技術の体系的分析[M].2004.

33. 细谷俊夫,等.新教育学大事典(5) [M].日本东京:第一法规出版株式会社.1990.

34. 细谷俊夫,等.新教育学大事典(8)[M].日本东京:第一法规出版株式会社.1990.

35. 新井隆一,等.解説教育六法[M].日本东京:三省堂.1986.

36. 永井宪一,等.憲法から大学の現在を問う[M].日本东京:劲草书房,2011.

37. 有本章.大学教育再生とは何か——大学教授職の日米比較[M].日本东京:玉川大学出版社,2016.

38. 玉井克哉,等. 日本の産学連携[M]. 日本东京:玉川大学出版社,2007.

后　记

一年多前，南京师范大学出版社王涛编辑跟我们提出要编一套“师说”丛书的设想。这一设想向中国高等教育学专业委员会理事长阎光才教授转达后，光才教授积极回应，组织谋划，成立了丛书编委会。2021 年 4 月 28 日，在南京师范大学出版社召开了“南京师范大学出版社‘师说’品牌战略——暨‘高等教育研究丛书’选题会”，到会 10 多位编委，确定 20 余选题，丛书的编写工作正式启动。

一年多来，在对近几年研究成果归纳、梳理、加笔、整新的基础上，形成了目前这本小书的框架和内容。书中不当之处，敬请各位同仁与读者批评指正！

2022 年 8 月